ADAC Reiseführer

Hamburg

Von Gudrun Altrogge
mit Fotos von Ingeborg Knigge

EIN ADAC BUCH

Inhalt

Hamburg macht's möglich: Urlaubsstimmung am Jungfernstieg

Hoch hinaus – Hamburger Spitzentänzerin vor dem Kirchturm von St. Petri

Ganz in Weiß – Inszenierungen von Weltrang bietet das Deutsche Schauspielhaus

Hamburger ›Riviera‹ – Sport und Spaß an der Außenalster

Dies und Das

Fliegende Teppiche – im Dutzend billiger. Lagerhaus in der Speicherstadt

Hamburg aktuell A bis Z

Räucheraal macht lustig! – Verkäufer auf dem Fischmarkt

Hamburg – das Hoch im Norden

»Auf der Reeperbahn nachts um halb eins …«
Hans Albers

Hamburg – das Tor zur Welt, die Schöne, das Hoch im Norden. Großartige Schlagworte, die eigentlich ganz unhanseatisch sind. Zeichnet sich die **hamburgische Lebensart** doch durch *Understatement*, durch feine Zurückhaltung aus. Den heimlichen Stolz auf ihre Stadt können aber auch die Hanseaten nicht verbergen. Und dieser Stolz besteht zu Recht. Ganz unhanseatisch soll es hier gesagt werden: Hamburg zählt zu den **schönsten Städten** Deutschlands. Hamburg bietet seinen Gästen Stadtleben pur, Kultur und Vergnügen, dazu Naturerlebnis durch zahlreiche Grün- und Wasserflächen.

Da können auch einige *Vorurteile* gegenüber Hamburg nicht abschrecken, zumal ihnen der rechte Wahrheitsgehalt fehlt. Erstens, es regnet in Hamburg auch nicht mehr als in anderen deutschen oder europäischen Städten. 760 mm Niederschlag fallen im Jahr in der Hansestadt, in Venedig sind es sogar 788 mm. Und wenn doch einmal so richtiges Schmuddelwetter – oder ›Schietwetter‹, wie der Hamburger sagen würde – herrscht, muss man noch lange nicht zu Hause bleiben. Ein großes **Netz von attraktiven Passagen** mit derzeit rund 40 000 m2 Verkaufsfläche in der Hamburger City bietet auch bei Regen die Möglichkeit zum gemütlichen *Shopping, Schlendern* und *Schlemmen*.

Oben: *Der alte ›Michel‹ und die moderne Architektur des Gruner+Jahr-Hauses verbinden sich zu einer Ästhetik der Kontraste. Ein Gastspiel gibt der Götterbote Merkur im Vordergrund*

Links: *Weites Land – Blick vom Kirchturm des ›Michel‹ über Hamburg und die Elbe*

Zum zweiten Vorurteil: Hamburg ist keineswegs eine kunstfeindliche Stadt. Im Gegenteil, neben der sprichwörtlichen *Kaufmannsmentalität* beweisen die Hanseaten auch immer Sinn für die schönen *Künste*. Zahlreiche **Museen** von internationalem Rang gehen auf private Initiative zurück. So zum Beispiel das Museum für Hamburgische Geschichte, das Museum für Kunst und Gewerbe und die Hamburger Kunsthalle mit Galerie der Gegenwart. Neben den insgesamt sieben staatlichen gibt es in Hamburg rund 40 öffentliche und private Museen. Darunter so exotische Sammlungen wie das Gewürzmuseum in der Speicherstadt oder das Erotic Art Museum in St. Pauli – wo sonst. Ebenso vielfältig ist Hamburgs **Theaterlandschaft**. Allabendlich bieten das renommierte Deutsche Schauspielhaus, das Thalia Theater sowie ca. 20 Privatbühnen ein Programm, in dem jeder Bühnenfreund etwas findet.

Ein drittes Vorurteil, das hier ausgeräumt werden muss: Hamburger sind gar nicht so ›s-teif‹ und ›s-tur‹, wie immer wieder von bösen Zungen behauptet wird. Vielleicht sind sie etwas zurückhaltender als beispielsweise rheinische Frohnaturen. Aber sie sind höflich, und wenn sie erst einmal auftauen, kann man schnell mit ihnen warm werden.

Und zu guter Letzt. Hamburg liegt genauso wenig am Meer wie München in den Alpen. Hamburg liegt an der Elbe, deren Haupt- und Nebenarm den Tidehafen der Stadt bilden. Dem **Hafen** verdankt Hamburg seinen Titel ›Tor zur Welt‹. Um die Jahrhundertwende starteten hier Millionen Menschen nach Übersee – in der Hoffnung auf ein neues, besseres Leben. Wichtiger noch: Der Hafen erst hat Hamburg zur *wohlhabenden Stadt* gemacht. Mit dem Im- und Export und dem zollfreien Warenumschlag im Freihafen haben sich die ›Pfeffersäcke‹ ihren Reichtum und damit ihren Namen verdient. Und dies wird gefeiert: Jedes Jahr am 7. Mai ist Hafengeburtstag.

Hamburg ist nicht nur das ›Tor *zur* Welt‹, die Stadt ist auch ein ›Tor *der* Welt‹. Einwanderung hat in der Hansestadt Tradition und wird gern als Grund für die *Weltoffenheit* der Hamburger angeführt. Bereits im 16. Jh. flohen viele protestantische Holländer vor den Religionskriegen nach Hamburg, das ihnen Glaubensfreiheit sicherte. Es folgten portugiesische Juden und französische Adlige. Jede dieser Gruppen hat zu der Entwicklung Hamburgs zu einer Kaufmannsstadt ersten Ranges beigetragen. Heute leben in Hamburg rund 260 000 Ausländer, die sich auf alle sozialen Schichten verteilen.

Kühler Norden und sinnlicher Süden

Die *Internationalität* Hamburgs zeigt sich auch im Stadtbild. So präsentiert sich der **Rathausmarkt** dem Besucher in italienischem Flair. Nicht nur wegen der vielen Fleete und Brücken: Alexis de Chateauneuf hat die Alsterarkaden entlang der Kleinen Alster der Bebauung des Markusplatzes in Venedig nachempfunden. Westlich schließt sich der Bereich zwischen **Jungfernstieg** und **Gänsemarkt** an, in dem sich Europas größtes Areal mit Einkaufspassagen befindet. Auf dem Jungfernstieg, Hamburgs elegantester Flaniermeile, lautet das Motto heute wie vor 100 Jahren: *Sehen und gesehen werden*. Vom Anleger Jungfernstieg starten zahlreiche Alster- und Fleetfahrten, die Hamburg von seinen schönsten Seiten zeigen. Nicht nur Touristen, auch viele Hamburger zieht es jedoch unter den ›gläsernen Himmel‹ – in eine der edlen **Passagen**. Auf der westlichen Seite der Binnenalster verläuft die **Mönckebergstraße**, der um die Jahrhundertwende angelegte Einkaufsboulevard, welcher gesäumt ist von stattlichen Kontorhäusern. Zwischen ihr und dem Ballindamm entsteht derzeit die *Europa-Passage* mit weiteren 32 000 m^2 Verkaufsfläche, die im Jahr 2006 fertig gestellt sein soll.

Am nördlichen Ende der ›Mö‹ lassen sich vom Hauptbahnhof aus zahlreiche Hamburger Museen bequem zu Fuß erreichen: Die **Deichtorhallen**, in denen wechselnde Ausstellungen moderner Kunst gezeigt werden, das **Museum für Kunst und Gewerbe**, Hamburgs vielfältigstes Museum mit einer der größten Jugendstilsammlungen der Welt, und die renommierte **Kunsthalle** mit der **Galerie der Gegenwart**, deren Schwerpunkte die Malerei des 19. und die Kunst des 20. Jh. bilden.

Das alte Hamburg erschließt sich dem Besucher südlich der City. Um den **Domplatz** und die **Trostbrücke** zeugen historische Kontorhäuser von der Geschichte Hamburgs als reicher Kaufmannsstadt. In der **Deichstraße** ist das einzige Ensemble Alt-Hamburger Kaufmannshäuser aus dem 17. bis 19. Jh. erhalten. Eine besondere historische Bedeutung hat die Deichstraße auch deshalb, weil hier 1842 der *Große Brand* ausbrach, der große Tei-

Links: *War, ist und bleibt das ›Tor zur Welt‹ – Hamburg und der Hafen*

Mitte: *Die Liebe zu Hamburg geht auch durch den Magen. Deswegen geizt die Elb-Metropole nicht mit Lokalen*

Unten: *Der Duft der weiten Welt – In der Speicherstadt lagern unter anderem Gewürze, Kaffee und Kakao*

le der Altstadt in Schutt und Asche legte. In vielen der Deichstraßenhäuser sind heute gemütliche historische Kneipen und Restaurants untergebracht. Nur wenige Gehminuten von der Deichstraße entfernt liegt die **Hafenkante**. Hier findet sich all das, was einfach jeder mit Hamburg verbindet: die **Speicherstadt**, der größte zusammenhängende Lagerhauskomplex der Welt, oder die Landungsbrücken, über denen immer noch ein Hauch von Fernweh schwebt – auch wenn hier nur noch Barkassen zur Hafenrundfahrt und längst keine Schiffe nach Übersee mehr ablegen. Ein weiteres ›Muss‹ im Pflichtprogramm eines jeden Hamburg-Besuchers ist der Fischmarkt – für Frühaufsteher ebenso geeignet wie für Nachtschwärmer. Nördlich der Hafenkante liegt die **Hamburger Neustadt** mit dem histori-

Oben: *›St. Liederlich‹ oder Der ungebremste Amüsiertrieb – Auf der Reeperbahn locken Sex-Schuppen und Szene-Treffs*

Rechts: *Verve à la Hamburg – Arkaden, Alster und noch mehr Architektur*

Unten: *Mediterranes Flair vermittelt der Anleger Mühlenkamp an der Außenalster*

schen Bäckerbreitergang, dem Museum für Hamburgische Geschichte und dem ›Michel‹, eigentlich St. Michaelis, einer der schönsten Barockkirchen Norddeutschlands und Wahrzeichen Hamburgs. Gleich daneben befinden sich die Krameramtsstuben, in denen man einen Eindruck von den Wohnbedingungen des 17. Jh. erhält.

Ehemals vor den Toren Hamburgs lagen die Stadtteile **St. Georg** und **St. Pauli**. In das heute teils anrüchige, teils liebenswerte St. Georg verbannte die Hansestadt im Mittelalter die Leprakranken. St. Pauli, ein altes Handwerkerviertel, ist seit langem über die Grenzen Hamburgs als das *Amüsierviertel* schlechthin bekannt. Reeperbahn und Große Freiheit – Namen, die vor allem an das Geschäft mit dem Sex denken lassen. Doch St. Pauli ist heute mehr: Neue und interessante Theater, sympathische Bars und Restaurants haben den Stadtteil zu einem attraktiven Szene-Treffpunkt gemacht.

Altona, noch bis 1937 eine selbstständige Stadt, hat viel von seinem ursprünglichen Charme durch die Bebauungspläne der 50er- und 60er-Jahre verloren. Das **Altonaer Rathaus** oder die klassizistische **Prachtstraße Palmaille** geben jedoch noch einen Eindruck von dem Altona vor den Zerstörungen durch den Zweiten Weltkrieg.

Das vornehme Hamburg findet sich nicht nur – wie viele glauben – entlang der Elbe, sondern erstreckt sich auch **östlich und westlich der Außenalster** auf dem Gebiet des einstigen Klosters Harvestehude und im Bereich der ehemaligen Dörfer **Uhlenhorst** und **Winterhude.** Westlich stehen die **Villen** der wohlhabenden Hamburger Bürger, die aus der drangvollen Enge der Stadt geflüchtet waren. Nach dem Zweiten Weltkrieg zogen in diese Prachtbauten u. a. das US-Konsulat, die Akademie für Publizistik und die Hochschule für Musik und Theater.

Großstädtisch verdichtet zeigen sich indes das Viertel **Rotherbaum**, welches

bis zum NS-Regime Zentrum des jüdischen Lebens war, sowie **Eppendorf**, ein begehrtes Wohnviertel mit zahlreichen Jugendstilhäusern.

Auf der östlichen Alsterseite lädt etwas abseits vom Ufer das **Museum der Arbeit** zu kulturellen Veranstaltungen ein, und man trifft auf Kulturzentren wie die ehem. Fabrik **Kampnagel**. Im Norden dann locken der **Stadtpark** mit der Sternwarte, der **Ohlsdorfer Friedhof**, der zweitgrößte Friedhof der Welt, oder der sich bis nach Schleswig-Holstein erstreckende **Alsterwanderweg** zu ausgedehnten Spaziergängen.

Am bekanntesten aber ist **Blankenese** als Wohnort der Reichen. Einige seiner Kleinode wie das Witthüs im **Hirschpark** oder das in einer Avantgardevilla untergebrachte **Puppenmuseum Falkenstein** können besichtigt werden, sucht man Erholung in den Elbeparks. An Arbeit erinnert hier nur der Blick auf das gegenüberliegende Ufer der Norderelbe mit dem modernen Containerhafen Waltershof.

Wer nach Hamburg reist, der sollte einen Ausflug in das **Alte Land** oder auch die **Vierlande** und die **Marschlande** südöstlich der Elbe nicht versäumen. Hier wird nicht nur Obst angebaut, hier wächst auch das Gemüse, das frisch auf die Hamburger Wochenmärkte kommt.

Verführerische Vorfreude

Hamburg hat viele Fassaden. Manchmal gibt sich die Hansestadt als *kühle Aristokratin*, deren Sprödheit sich in der zweckorientierten Architektur widerspiegelt. Dann wieder ist sie ausgelassen-überschäumende Metropole, ewig schwankend zwischen Gosse und Glamour – Hamburg, *die junge Wilde*. Eine Ecke weiter ist alles wieder anders. Da präsentiert sich die **Elb-Schönheit** mit *Grandezza* und macht rund um die Alsterarkaden dem Markusplatz in Venedig südländisch-sinnliche Konkurrenz. Hamburg – das sind auch die verführerische Vorfreude auf die Nordsee, der derbe Duft von Teer und Fisch, das optische Kuddelmuddel aus gewaltigen Kränen.

Der Reiseführer

Dieser Band schildert die Hansestadt Hamburg und Umgebung in 15 Kapiteln. **Stadtpläne** und **Verkehrsplan** erleichtern die Orientierung. Besondere Empfehlungen zu Hotels, Restaurants, Museen etc. bieten die **Top Tipps**. An Kurzbesucher richtet sich die Rubrik **1 Tag/1 Wochenende**. Der **Aktuelle Teil** enthält alphabetisch geordnet Informationen zu Restaurants, Hotels, Verkehrsmittel, Öffnungszeiten der Sehenswürdigkeiten etc. **Kurzessays** runden den Reiseführer ab.

Geschichte, Kunst, Kultur im Überblick

831 Kaiser Ludwig der Fromme setzt im neugegründeten Bistum Hamburg den Mönch Ansgar zum Bischof ein. Sitz des kirchlichen Herren ist die Hammaburg, die sich südlich der heutigen Hauptkirche St. Petri befand. Diese Burg auf einem Geestsporn hatte schon den Sachsen, dann dem Frankenkaiser Karl dem Großen als Stützpunkt gedient. Ansgar sollte von der Hammaburg aus die Gebiete nördlich der Elbe missionieren.

1186/87 Adolf III. von Schauenburg, der weltliche Herr über Hamburg, lässt Kaufleute unterhalb seiner Neuen Burg eine Kaufmannsstadt anlegen.

1189 Privilegien wie Zollfreiheit für Handel und Schiffahrt durch eine Urkunde von Kaiser Friedrich I. (Barbarossa). Obwohl sich dieses auf den 7. Mai datierte Papier als Fälschung herausgestellt hat, wird heute an diesem Datum der Hamburger Hafengeburtstag gefeiert.

1201 Hamburg kommt zwischen 1201 und 1227 erstmals unter Dänenherrschaft.

1230 Eine Wassermühle, mit der das Getreide aus dem Umland gemahlen wird, staut das Flüsschen Alster. Die Alsterniederung wird überschwemmt, Binnen- und Außenalster entstehen.

1241 Erstes Bündnis mit der mächtigen Ostseehafenstadt Lübeck. Die Geschichte der Hanse beginnt. Hamburg ist Nordseehafen für Lübeck und wichtigster Umschlagplatz für die westlichen Länder und das Binnenland.

1300 Hamburg hat rund 5000 Einwohner.

1335 Der Konflikt zwischen dem Domkapitel und der Bürgerschaft spitzt sich so weit zu, dass der Streit der päpstlichen Kurie vorgelegt werden muss. Die Domherren, welche nicht der Gerichtsbarkeit der Stadt unterstehen und keine Steuern zahlen, haben die Schulen unter sich und bestimmen über die Einstellung der Lehrer. Da viele Bürger ihre Grundstücke der Geistlichkeit vermachen, werden der Stadt Grundstücke und damit auch Steuern entzogen. Bürger, sogar Ratsherren, plündern in dieser Situation die Höfe der Domherren. Hamburg fällt unter den päpstlichen Bann. Erst der päpstliche Kompromiss von 1355, der die Domherren verpflichtet, einen Teil der Grundsteuer zu zahlen, schafft wieder Frieden.

1401 Der Seeräuber Klaus Störtebeker wird in Hamburg hingerichtet.

1459 Hamburg kommt erneut unter dänische Oberhoheit, handelt jedoch weiter unabhängig.

1510 Hamburg wird vom Reichstag als reichsfreie Stadt bestätigt, die nur dem deutschen Kaiser unterstellt ist.

1529 Der Hamburger Senat entscheidet sich für die Einführung der Reformation.

Von links: Graf Adolf III. von Schauenburg, Begründer der Kaufmannsstadt; Bischof Ansgar wurde 831 als Bischof eingesetzt; Denkmal für den hingerichteten Seeräuber Störtebeker

Mit Hamburg verbunden: Der Komponist Johannes Brahms, der Schauspieler Hans Albers und der Dichter Matthias Claudius (von links)

Der Luther-Vertraute Johannes Bugenhagen formuliert eine neue Kirchen- sowie Schulordnung.

1558 Die erste Börse Deutschlands wird in der Hansestadt eröffnet.

1567 Die ersten Niederländer, Flüchtlinge der Befreiungskriege der Niederlande gegen die Herrschaft der spanischen Krone, treffen in Hamburg ein und sorgen für wirtschaftlichen Aufschwung. Die niederländischen Handwerker bringen wertvolle Tuchmachertechniken mit, die niederländischen Kaufleute verfügen über ein wichtiges Netz an Handelsbeziehungen. In der Hansestadt wird für einige Zeit Niederländisch zur Kaufmannssprache.

1619 Die Hamburger Bank wird gegründet, Sitz ist das Rathaus. Die Bank schafft mit der ›Mark banco‹ eine Verrechnungseinheit, die durch den Silberschatz im Rathaus gedeckt ist.

1626 Das mächtige Festungswerk aus neun Meter hohen Mauern, ausgebaut mit 21 Bastionen, ist fertig und schützt in den kommenden Jahrhunderten, auch während des Dreißigjährigen Krieges, die Stadt.

1664 Die Dänen, die bis 1867 in Altona herrschen, ernennen dieses zur Stadt, um eine Konkurrenzstadt zu Hamburg aufzubauen.

1668/1669 Hamburg stellt seine beiden ersten Kriegsschiffe fertig, um mit den Fregatten Konvois von 20 bis 50 Handelsschiffen zu begleiten. Vorausgegangen waren Überfälle der Korsaren (auch Barbaresken), der türkischen und algerischen Seeräuber. Mehr als 1000 hamburgische Seeleute gerieten in türkische Sklaverei und mussten freigekauft werden.

1678 Die erste bürgerliche Oper Deutschlands wird in der Hansestadt eröffnet.

1700 In Hamburg leben rund 60 000 Menschen.

1712 Der schwarze Tod, die Pest, sucht die Stadt zum letzten Mal heim. Bis Februar 1714 sterben rund 10 000 Einwohner der Stadt.

1721 Der Rat der Stadt wählt am 10. Juli den seinerzeit berühmtesten deutschen Komponisten Georg Philipp Telemann zum städtischen Musikdirektor und Kantor am Johanneum.

1767 Gotthold Ephraim Lessing wird Dramaturg des neugegründeten Deutschen Nationaltheaters. Uraufführung der ›Minna von Barnhelm‹.

1768 Durch den so genannten Gottorper Vergleich wird Hamburg endgültig von den Dänen als von Holstein unabhängige ›Kaiserlich Freye Reichsstadt‹ anerkannt.

1770 Matthias Claudius wird Redakteur beim ›Wandsbekischen Merkur‹, benennt die Zeitung in ›Wandsbeker Boten‹ um und macht das Blatt zu einer der wichtigsten Publikationen in Deutschland. Friedrich Gottlieb Klopstock lässt sich in Hamburg nieder.

1800 In Hamburg leben rund 130 000 Menschen.

1803 Der baufällige Mariendom wird abgebrochen, nachdem aller Kirchenbesitz säkularisiert worden ist.

Ein Datum, das Hamburg nicht vergisst – Am 5. Mai 1842 brach in der Stadt der Große Brand aus

1806 Am 19. November besetzen die Truppen Napoleons Hamburg, das sich für neutral erklärt hatte. Es beginnt die Zeit der französischen Besatzung, welche die Hafenstadt an den Rand des Ruins bringt. Erst am 30. Mai 1814 ziehen die französischen Truppen wieder ab.

1809 Felix Mendelssohn-Bartholdy (†1847) wird in Hamburg geboren.

1815 Hamburg ist nach dem Zerfall des alten deutschen Reiches ein souveräner Staat innerhalb des Deutschen Bundes und nennt sich ab 1819 ›Freie und Hansestadt Hamburg‹.

Ort des Elends – In den engen Gängevierteln waren Seuchen an der Tagesordnung

1816 Ankunft des ersten Dampfschiffs (aus England).

1833 Johannes Brahms (†1897) in Hamburg geboren.

1841 Erste Omnibuslinie zwischen Hamburg und Altona.

1842 Am 5. Mai bricht in der Deichstraße der Große Brand aus. Bis zum 8. Mai wütet das Feuer und zerstört weite Teile der Innenstadt. Erste Eisenbahnlinie (nach Bergedorf).

1847 Gründung der Hamburg-Amerikanischen Packetfahrt-Actien-Gesellschaft HAPAG. Die Eisenbahnlinie Harburg–Hannover wird in den Dienst genommen.

1850 In den nächsten 80 Jahren werden über Hamburg rund 6 Millionen Menschen nach Übersee auswandern.

1866 Pferdebahnen verkehren auf Hamburgs Straßen.

1867 Hamburg tritt in den Norddeutschen Bund ein, verzichtet dabei zwar weitgehend auf seine Autonomie als Staat, erhält dafür aber ein Freihafengebiet garantiert und somit Rückhalt für seinen Welthandel. Das bis dato dänische Altona fällt an Preußen.

1871 Hamburg wird Stadt im Deutschen Reich.

1884 Das erste Kontorhaus nach Londoner Vorbild wird gebaut.

1888 Der erste Bauabschnitt des Freihafens, die Speicherstadt, ist fertig. Die Stadt Hamburg gehört ab jetzt dem Zollgebiet des Deutschen Reiches an und wird dessen größter Hafen.

1892 In den Gängevierteln zwischen den Kirchen St. Michaelis und St. Jacobi bricht eine Choleraepidemie aus. Von den 16596 Erkrankten sterben 8605. Hamburg ist als das ›Neapel des Nordens‹ verrufen. Der Senat verabschiedet ein Wohnungspflegegesetz. Die engen Gängeviertel der Innenstadt werden abgerissen.

1909 Architekt Fritz Schumacher wird Baudirektor der Stadt.

1912 Am 23. Mai läuft die ›Imperator‹, das bis dato größte Schiff der Welt, vom Stapel. Die HAPAG (Hamburg-Amerikalinie), der das Schiff gehört, ist die größte Reederei der Welt. Hamburg ist drittgrößter Hafen der Welt.

Obwohl sie als spröde gelten, wussten die Hamburger schon immer richtig zu feiern

1913 Hamburg verzeichnet erstmals mehr als eine Million Einwohner.

1919 Das erste demokratisch gewählte Parlament wird eröffnet. Gründung der Hamburger Universität. Hamburg muss aufgrund des Versailler Vertrags den größten Teil seiner Handelsflotte abliefern.

1923 Der Hamburger Aufstand, ein von dem späteren KPD-Führer Ernst Thälmann organisierter kommunistischer Putschversuch, wird niedergeschlagen.

1933 Die Nationalsozialisten werden bei den Wahlen am 5. März stärkste Fraktion in der Bürgerschaft. Carl Vincent Krogmann wird Erster Bürgermeister. Im Mai wird Karl Kaufmann als Reichsstatthalter eingesetzt, im Oktober wird die Bürgerschaft aufgelöst. Der Zusatz ›Freie und‹ wird in der Bezeichnung Hamburg gestrichen.

1937 Erlass des Groß-Hamburg-Gesetzes am 1. April. Altona, Wandsbek, Harburg und Wilhelmsburg kommen zur Hansestadt. Der alte Hamburger Besitz Cuxhaven geht an die Provinz Hannover.

1943 Ein Feuersturm zerstört große Teile der Arbeiterviertel des Hamburger Ostens, den Bomben der ›Aktion Gomorrah‹ fallen 35 000 Menschen zum Opfer.

1945 Hamburg kapituliert am 3. Mai und wird von den Briten besetzt.

1946 Die Wochenzeitung ›Die Zeit‹ wird gegründet. Auch der Axel Springer Verlag errichtet hier sein Stammhaus.

1949 Hamburg wird selbstständiges deutsches Bundesland.

1952 Der NWDR (Nordwestdeutscher Rundfunk) beginnt mit der ersten Fernsehsendung. – Am 6. Juni beschließt die Bürgerschaft die bis heute gültige Verfassung der Freien und Hansestadt Hamburg.

1955 Gustaf Gründgens übernimmt die Intendanz im Deutschen Schauspielhaus.

1959 Die Beatles gastieren zum ersten Mal in Hamburg.

1960 Der Hamburger Sportverein wird mit Mannschaftskapitän Uwe Seeler Deutscher Fußballmeister.

1962 Eine Sturmflut überschwemmt am 16./17. Februar 1/6 des Staatsgebietes. 315 Menschen sterben, 20 000 werden evakuiert. – Im Oktober löst die Affäre um den ›Spiegel‹-Herausgeber Rudolf Augstein eine Regierungskrise aus.

1964 Hamburg hat 1,9 Mio. Einwohner.

1967 Der Bau des Elbtunnels beginnt. Der Hamburger Senat beschließt, Hamburg zum Containerhafen auszubauen.

1974 Die 3940 m lange Köhlbrandbrücke wird eingeweiht.

1981 Angehörige der alternativen Szene besetzen Häuser in der Hafenstraße.

1985 Das legendäre Lokal ›Onkel Pö‹, in dem Udo Lindenberg und zahlreiche Größen des Rock, Blues und Soul auftraten, wird geschlossen.

1989 Hamburg feiert 800. Hafengeburtstag.

1995 Die Hansestadt wird Bischofssitz des neuen Nordbistums, welches Schleswig-Holstein, Hamburg und Mecklenburg umfasst.

1997 Neuer Anbau der Kunsthalle mit der Galerie der Gegenwart im Ungers-Haus und Eröffnung der Passage Levantehaus an der Mönckebergstraße.

2001 Erstmals seit 1946 stellt die CDU in Koalition mit Schill-Partei und FDP den 1. Bürgermeister (Ole von Beust).

2002 Hamburg unterliegt Leipzig bei der Entscheidung, welche Stadt sich als Austragungsort der Olympischen Spiele 2012 für Deutschland bewirbt.

2003 Beginn der Bauarbeiten für die neue riesige Europa-Passage zwischen Mönckebergstraße und Ballindamm, die 2006 fertig gestellt sein soll.

HOTEL
ALSTER
HOF

Sehenswürdigkeiten

Das Zentrum rund um den Rathausmarkt: ein Hauch von Venedig

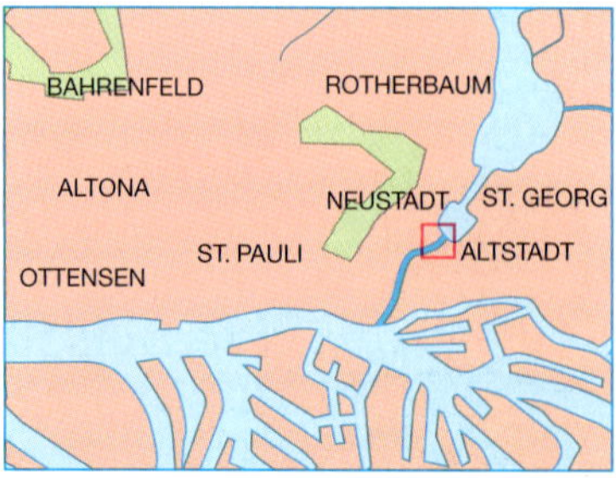

Hamburg wollte mit der **Neugestaltung** des Rathausmarktes in den 80er-Jahren des 20. Jh. eine negative Entwicklung zurückschrauben, von der zahlreiche Innenbereiche bundesdeutscher Städte in den 1970er-Jahren betroffen waren: Geschäftsneubauten verdrängten die Bewohner der Innenstädte, die City lag nach Geschäftsschluss verödet da. In Hamburg erreichten die Stadtplaner ihr Ziel: Aus dem einstigen Verkehrsknotenpunkt Rathausmarkt wurde ein **Treffpunkt** für Hamburger und die Gäste der Stadt. Er wird zudem als Veranstaltungsfläche für Open-Air-Konzerte, Festivals oder kleinere Volksfeste und Messen genutzt.

1 Rathausmarkt

U-Bahn Rathaus, Jungfernstieg

Hamburg von seiner besten Seite: Der Rathausmarkt mit Rathaus, Börse, der Kleinen Alster und den weiß leuchtenden Alsterarkaden. Hansestadt mit einem Hauch von Venedig.

Die Anlage des heutigen Rathausmarktes geht auf die Zeit nach dem großen Stadtbrand 1842 zurück. *Gottfried Semper* und *Alexis de Chateauneuf* konzipierten dieses Zentrum der Hansestadt nach dem Vorbild des Markusplatzes in Venedig. Mit den Alsterarkaden, der Wassertreppe und der Kleinen Alster kann sich die Anlage durchaus gegenüber ihrem Vorbild behaupten. Die Zeitgeschichte hat sich in den verschiedenen baulichen Veränderungen des Platzes niedergeschlagen. Zwischen 1903 und 1930 schmückte ein **Denkmal Kaiser Wilhelm I.**, das der Künstler Johannes Schilling gestaltete, den Platz. Man beachte die Feinheiten: Der Kaiser ritt auf das Hamburger Rathaus zu, war also damals Gast in der Stadt. Heute erinnern nur noch die beiden Flaggenmasten an diese Anlage. Wer das Denkmal besichtigen möchte, muss zum *Sievekingplatz* gehen, wo es nun an weniger prominenter Stelle steht. In den 30er-Jahren des 20. Jh., unter dem Stadtbaudirektor Fritz Schumacher, wurde an der Wassertreppe ein Denkmal (Stele) errichtet, welches durch das **Relief** der ›Trauernden Mutter‹ von *Ernst Barlach* an die Gefallenen des Ersten Weltkrieges erinnert. Während der NS-Zeit war allerdings – entsprechend der herrschenden Ideologie – die ›Trauernde Mutter‹ durch einen ›Phönix‹ ersetzt worden.

Zwei weitere Denkmäler auf dem Rathausmarkt erinnern an berühmte Künstler, die zeitweise in Hamburg lebten: Ein **Standbild Heinrich Heines** findet man an der Südostseite des Platzes. Und eine vor dem Rathaus eingelassene **Gedenkplatte** hält das Gedächtnis an den aus Magdeburg stammenden Komponisten *Georg Philipp Telemann* (1681–1767) und an den Standort des Klosters St. Johannis, in dem er als Kantor tätig war, wach.

2 Rathaus

U-Bahn Rathaus, Jungfernstieg

Das Hamburger Rathaus zeigt bürgerliche Gesinnung und Erwerbstrieb. Da thronen die Figuren der bürgerlichen Tugenden über denen deutscher Kaiser, da verbindet ein Innenhof den Sitz der Stadtregierung mit der Börse.

Zwischen 1886 und 1897 wurde dieser eindrucksvolle Bau als sechstes Hamburger Rathaus im Stil der Neorenaissance, mit dem die Hamburger Bürgerschaft Wohlstand und Macht der Kaufmannsstadt demonstrierte, errichtet. Immerhin schuf die Architektengemeinschaft unter der Leitung Martin Hallers einen der bedeutendsten Bauten des Historismus in Deutschland. Der Neubau, der durch die

Vorhergehende Doppelseite: *Im nächtlichen Lichterglanz zeigt Hamburg den einzigartigen Charme einer Hafenstadt von Format*

Welthandel und Wohlstand: das Rathaus verkörpert die Macht der Freien Hansestadt

Zerstörung des alten Rathauses an der Trostbrücke (Stadtbrand 1842) notwendig geworden war, markiert einen wichtigen Einschnitt in der Baugeschichte der Hansestadt. Mit der Errichtung des neuen Rathauses verschob sich das Zentrum der Stadt von der Elbe an die Binnenalster. Heute ist das Rathaus **Sitz des Hamburger Senats** (Landesregierung) und **Tagungsstätte der Hamburger Bürgerschaft** (Landesparlament). Das Zimmer des Ersten Bürgermeisters befindet sich in der Nordecke des Gebäudes. Besonders beeindruckend ist das strahlend-grüne Kupferdach.

Der ganz in Granit und Sandstein gearbeitete Bau ist mit seiner 111 m breiten *Fassade* und einem 112 m hohen Mittelturm symmetrisch angelegt. Interessant ist an der Rathausfassade vor allem die Anordnung des *Figurenschmucks*: Darstellungen der 20 deutschen Kaiser finden sich in den Nischen zwischen den Fenstern am **Hauptgeschoss** der Rathausmarktseite. Über den Monarchen aber thronen am Turm Darstellungen der bürgerlichen Tugenden wie Weisheit, Eintracht, Tapferkeit und Frömmigkeit. Deutlicher könnte es nicht sein: Hamburg ist keine Kaiser-, sondern eine Hansestadt.

Die **Räumlichkeiten** des Rathauses wie Festsaal, Diele, Treppenhäuser oder Repräsentationssäle sind zwar aufwendig gestaltet, doch keineswegs prunkvoll. Der 47 m lange, 18 m breite und 15 m hohe *Festsaal*, zwischen Bürgerschaft und Ratsstube gelegen, ist mit fünf großen Wandbildern (1903–09) des Malers Hugo Vogel geschmückt. Die Gemälde zeigen die Hamburger Geschichte in den Stationen Urlandschaft, Besiedlung, Christianisierung, Mittelalter und Neuzeit. Am 24. Februar jeden Jahres lädt der Bürgermeister traditionell 300 Ehrengäste zur ›Matthiae-Mahlzeit‹ in den Festsaal.

Im Festsaal des Rathauses, der mit großen Wandbildern geschmückt ist, empfängt der Erste Bürgermeister seine Gäste

Der Eingang zum gutbürgerlichen **Ratsweinkeller** findet sich auf der Seite zur Großen Johannisstraße.

Führungen: Mo – Do 10 – 15, Fr – So 10 – 13 Uhr, halbstündlich, Tel. 4 28 31-20 10

3 Börse

Adolphsplatz
U-Bahn Rathaus

Die älteste Börse Nordeuropas.

Noch heute dient die Hamburger Börse als **Ort des Handels**. Sie ist die älteste Einrichtung dieser Art in Nordeuropa; bereits 1558 wurde sie gegründet. Ein brunnengeschmückter Innenhof verbindet Rathaus und Börse – eine Einheit, nicht ganz ohne symbolischen Charakter in der geschäftstüchtigen Hansestadt. Wie das Rathaus stand die Börse zunächst an der Trostbrücke. Anders aber als beim Rathaus dauerte es nur bis 1859, dass mit dem Neubau im spätklassizistischen Stil begonnen wurde.

Der Mittelteil der Börse mit seiner klassizistischen Fassade geht auf diese erste Bauphase zurück. Erweiterungen gab es zwischen 1882 und 1884, 1909–12 kam dann der Ostteil mit *Uhrturm* hinzu. Heute hat hier die **Hanseatische Wertpapierbörse** ihren Sitz. Vom hektischen Börsenalltag bekommt der Besucher aber kaum etwas zu sehen, alle Transaktionen werden mittlerweile elektronisch verarbeitet.

Die Farbe Blau mit weißen Akzenten – hinter den Arkaden an der Kleinen Alster verbirgt sich eine edle Ladenpassage

4 Alsterarkaden

U-Bahn Jungfernstieg

Ein Stück Venedig am Alsterfleet.

Erst durch die Alsterarkaden gewinnt der Rathausmarkt seinen ganz eigenen Charme. Wie auf einer *Perlenkette* reihen sich die schlichten weißen Häuser mit den historischen Putzfassaden und den vorgesetzten Bogengängen entlang der Kleinen Alster.

Alexis de Chateauneuf entwarf 1842/43 dieses Ensemble als vornehme **Ladenpassage**. Am Warenangebot hat sich seit dieser Zeit nicht viel geändert: Hier kauft man Schmuck und vornehme Mode, hier gibt es erlesenes Porzellan und köstliche Schokolade zu erstehen.

1949/50 hatte man die Arkaden in ihrer ursprünglichen Form wieder hergestellt, nachdem der *Bogengang* Ende des 19. Jh. stark verändert und im Zweiten Weltkrieg teilweise zerstört worden war. Zum Jahreswechsel 1988/89 machten die Alsterarkaden Schlagzeilen in der Hamburger Presse. Im Haus Nr. 11a war ein *Feuer* ausgebrochen und hatte mehrere Häuser der Anlage schwer beschädigt. Der Grund: Ein verschuldeter Kaufmann hatte das Gebäude in Brand gesteckt, um die Versicherungssumme zu kassieren. Die Gebäudezeile, darunter die aus dem Jahr 1846 stammenden Häuser 9 bis 13 und die historische **Mellin-Passage** mit ihren hübschen Wandzeichnungen, wurde daraufhin aufwendig restauriert.

Ein Cappuccino unter den Alsterarkaden – und schon fühlt man sich wie in Venedig

Zwischen Jungfernstieg und Gänsemarkt: sehen und gesehen werden

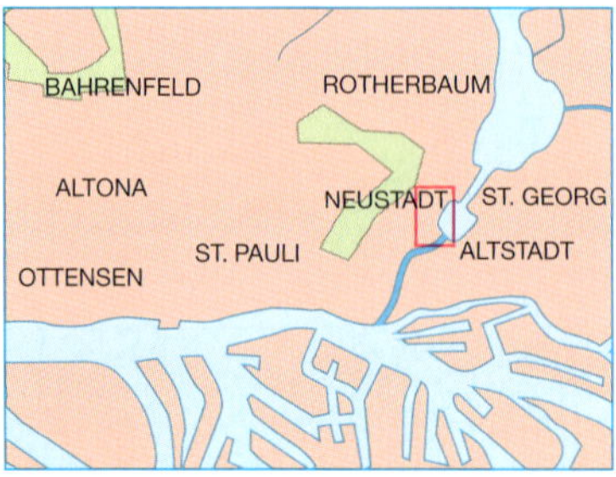

Die Geschichte des Jungfernstiegs beginnt mit dem Damm, mit dessen Hilfe im 13. Jh. das Flüsschen Alster gestaut wurde. Auf dem Damm errichtete man eine Getreidemühle, die vom Alsterwasser angetrieben wurde. Um 1665 legten die Stadtväter auf dem Staudamm einen *Spazierweg mit Bäumen* an, und die Promenade erhielt – wegen der unverheirateten Töchter, die hier beim Familienbummel präsentiert wurden – den Namen Jungfernstieg. Schon im 19. Jh. säumten **luxuriöse Hotels** die Straße. Sie wurden durch den Großen Brand von 1842 zerstört oder um die Jahrhundertwende wegen der Umgestaltung der City abgerissen.

5 Jungfernstieg

U-Bahn Jungfernstieg

Sehen und gesehen werden, promenieren und flanieren: Der Jungfernstieg ist eine der ersten Adressen der Hansestadt. Direkt an der Binnenalster gelegen, bietet der Boulevard nicht nur schöne Aussichten, sondern auch vielfältiges Shopping-Vergnügen.

Heute dominieren *Kontorhäuser* aus der Gründerzeit und Stadthäuser, die nach dem Zweiten Weltkrieg gebaut wurden, das Straßenbild. Juweliere, exklusive Modehäuser und Schuhgeschäfte bieten hier ihre Waren an.

In den Jahren 1911/12 wurde das Warenhaus **Alsterhaus** (Nr. 15) vom Architekturbüro Cremer & Wolfenstein errichtet. Schon 1896–99 entstand das jetzige Gebäude der Dresdner Bank (Nr. 22), das einst als *Luxushotel* geplant und nach Entwürfen von Martin Haller im Neorenaissancestil erbaut wurde. Eingebunden in diesen Gebäudekomplex wurde

Es muss nicht immer Brautschau sein – die Straßencafés am Jungfernstieg eignen sich auch heute noch als vergnügliche Beobachtungsposten

das einzige Haus aus der Zeit vor 1842, das Gebäude Nr. 25. Im Vorgängerbau dieses Hauses lebte bis 1815 der Dichter *Matthias Claudius*.

Unmittelbar gegenüber steht der rote Sandsteinbau **›Hamburger Hof‹** (Nr. 26), 1881–83 als Hotel errichtet und in den Jahren 1976–79 erweitert. In dem Gebäude befindet sich die gleichnamige Passage [s. S. 27] mit zahlreichen *Luxusgeschäften*, mehreren Restaurants und Cafés. Eine Passage gab es hier bereits Mitte des 19. Jh.: Der extravagante **›Sillem's Bazar‹** war mit viel Marmor, lichtdurchfluteten Korridoren, Messingleuchten und mächtigen Kandelabern ausgestattet. Vielen Hamburger Bürgern waren allerdings die – nach heutigem Wert – 3 Euro Eintrittsgeld zu viel. Nach 40 Betriebsjahren wurde die Passage schließlich abgerissen.

Im Erdgeschoss des **Heine-Hauses** (Nr. 34), in dessen Vorgängerbau der Bankier Salomon Heine – Onkel des Dichters Heinrich Heine – wohnte, befindet sich **›Schümann's Austernkeller‹**. Das traditionsreiche Restaurant wurde 1884 eröffnet und ist komplett im Jugendstil eingerichtet. Im ersten Stock, hinter dem schön geschwungenen *Jugendstilfenster*, befand sich bis vor wenigen Jahren das älteste Kinderbekleidungsgeschäft der Stadt, die ›Hamburger Kinderstube‹. Hier ließ sich um die Wende zum 20. Jh. sogar das holländische Königshaus einkleiden. Das **Streits-Haus** (Nr. 38) war ehemals ein Hotel. Hier stieg 1912 inkognito der dänische König Frederik VIII. ab; bei einem Tête-à-tête in einem etwas anrüchigen Etablissement ereilte ihn der Tod. Heute ist im ›Streits‹ eines der schönsten Hamburger *Kinos* mit *Originalausstattung* aus den 50er-Jahren des 20. Jh. und modernster Technik untergebracht.

Blickt man vom Jungfernstieg zum östlichen Binnenalsterufer, sieht man das **›HAPAG-Gebäude‹** (Ballindamm Nr. 25). Es wurde 1903 von Martin Haller errichtet und 1922/23 von Fritz Höger umgestaltet. Unter dem Generaldirektor der Reederei Albert Ballin (1857–1918) war die HAPAG (Hamburg–Amerika-Linie) 1914 mit 174 Seedampfern auf 74 Linien die größte Reederei der Welt.

Ab Ende 2003 wird der Jungfernstieg umgestaltet. Zu den **Baumaßnahmen** gehören ein vergrößerter Fußgängerbereich, ein Boulevard auf der Wasserseite, eine Freitreppe zum Anleger und der Neubau des Alsterpavillons. Zum Altervergnügen 2005 soll der Jungfernstieg dann in neuer Pracht erstrahlen.

Hier schlürft man schon seit fast 120 Jahren Austern: Jugendstil-Restaurant ›Schümann's Austernkeller‹

6 Alsterpavillon

Jungfernstieg 54
U-Bahn Jungfernstieg

Südliches Flair im hohen Norden.

An den **Terrassen und Treppenanlagen** der Binnenalster am Jungfernstieg legen die *Alsterschiffe* zu ihrer Fahrt durch die Fleete und die Kanäle ab. Südländisches Flair vermittelt im Sommer der Alsterpavillon, der sich zwischen *Palmen* und *Blumenkästen* in unmittelbarer Nähe des Anlegers befindet. Von seiner Terrasse hat man einen wunderschönen Blick auf die **Alster** und die **Alsterfontäne**. Der Pavillon wurde nach der Zerstörung des Vorgängerbaus im Zweiten Weltkrieg 1952/53 von *Ferdinand Streb* neu erbaut.

Der heutige Alsterpavillon ist bereits der sechste – doch nicht der letzte – Bau in der Reihe der Pavillons, die hier seit 1799 errichtet wurden. Im Zuge der Umgestaltung des Jungfernstiegs [s. S. 23] soll auch er – wieder einmal – neu entstehen: Nach dem Abriss des jetzigen Gebäudes ist eine transparente Konstruktion aus Glas und Stahl geplant. Jedenfalls waren die Pavillons in den vergangenen Jahrhunderten durchweg Anziehungspunkte für die Ham-

Die Colonnaden, als Privatstraße der Hamburger Oberschicht im 19. Jh. entstanden, präsentiert sich heute als Flaniermeile mit vielen einladenden Straßencafés

burger Gesellschaft. Entspannung und Vergnügen standen auf dem Programm. Einen besonderen Ruf hatte der Alsterpavillon in den 30er- und 40er-Jahren des 20. Jh., als man dort trotz staatlichen Verbots *Swingkonzerte* veranstaltete. Bei den Nazis galt die fröhliche Musik aus den USA als ›entartete Kunst‹.

7 Colonnaden

U-Bahn Gänsemarkt

Die einstige Privatstraße der vornehmen Hamburger.

Die vornehme Gesellschaft Hamburgs zog ab 1850 in die Wohngebiete westlich der Alster. Um eine direkte Verbindung zwischen Jungfernstieg und Dammtor zu schaffen, legten Unternehmer 1876/77 eine **Privatstraße** an – die Colonnaden. Unter der Regie der Gebrüder *Ernst* und *Adolf Wex* wurden **herrschaftliche Etagenwohnhäuser** im Stil der Neorenaissance geschaffen, mit Arkaden an der Ostseite der Straße. Indem der Bürgersteig überbaut wurde, schaffte man größeren Wohnraum. 1974–78 wurde die Straße in eine **Fußgängerzone** umgewandelt.

8 Neuer Jungfernstieg

U-Bahn Jungfernstieg, Gänsemarkt

Top-Adresse für Stars.

Am Neuen Jungfernstieg, der Westseite der Binnenalster, steht das berühmte Luxushotel ›**Raffles Vier Jahreszeiten**‹ (Nr. 9–14). 1904 wurde das Gebäude von den Architekten *Freytag & Würzbach* errichtet und ist seitdem neben dem Kempinski Hotel Atlantic die Top-Adresse für die Prominenz. Hier logierten bereits Stars wie Liz Taylor, gekrönte Häupter wie Kaiser Wilhelm II. oder Künstler wie Herbert von Karajan. In unmittelbarer Nähe steht das **Amsinck-Palais** (Nr. 19). Es ist heute Sitz des vornehmen Übersee-Clubs. Ursprünglich 1831–33 für den Bankier Gottlieb Jenisch von *Franz Gustav Forsmann* erbaut, ließ es der Kaufmann Gustav Amsinck 1900 durch Martin Haller umgestalten. Das Amsinck-Palais mit seinem beeindruckenden vergoldeten *Geländer* gilt als das einzige erhaltene Patrizierhaus in der Hamburger Innenstadt.

9 Gänsemarkt

U-Bahn Gänsemarkt

Zentrum der Hamburger Neustadt.

Der Gänsemarkt war nie wirklich ein Marktplatz, sondern vielmehr ein **Verkehrsknotenpunkt**, von dem aus die wichtigsten Landstraßen nach Norden führten.

Er wird gesäumt von **Kontorhäusern**, welche alle aus der Zeit nach dem Stadtbrand von 1842 und nach der Wende zum 20. Jh. stammen. In diesen Gebäuden befinden sich zahlreiche Geschäfte, Kinos und Lokale. Am meisten beeindruckt das Gebäude an der westlichen Seite des Gänsemarktes – die ehemalige Finanzdeputation, heute **Finanzbehörde** (Nr. 36). Fritz Schumacher schuf diesen mächtigen Stahlbeton-Skelettbau mit dunkelroter Klinkerfassade 1918–26 im Stil eines Kontorhauses. Sehenswert sind auch die farbigen *Reliefs* und *Skulpturen* mit Motiven aus der Schifffahrt an der Fassade sowie die *Keramikverkleidung* der Eingangshalle, die der Hamburger Künstler Richard Kuöhl gestaltete. Die Finanzbehörde wie auch das gegenüberliegende **Deutschlandhaus**, Eckhaus Gänsemarkt 1/Valentinskamp 91, haben eine zurückgestaffelte Dachzone, ein typisches Merkmal für Kaufmannsbauten vom Beginn dieses Jahrhunderts. Das Deutschlandhaus wurde 1929 für die *Ufa-Filmgesellschaft* von Fritz Block und Ernst Hochfeld errichtet. Ursprünglich befanden sich in dem Gebäude Restaurants und ein Kino mit rund 3000 Plätzen, damals war dies das größte und modernste Lichtspielhaus Europas.

Nur wenige Schritte weiter liegt der Eingang zur 1976–79 entstandenen *Gänsemarktpassage*. In der Passage steht der Gründungsstein des Englischen Stalls, der an dieser Stelle 1772 als Reitschule gegründet wurde.

Hinter der Klinkerfassade der Finanzbehörde regieren die Meister des Mammons

Ein Denkmal auf dem Gänsemarkt ehrt den Dichter Gotthold Ephraim Lessing

Bei der Neugestaltung des Gänsemarktes erhielt das **Lessing-Denkmal** (1881, Friedrich Schaper), das bisher in der Mitte des Platzes gestanden hatte, einen neuen Standort vor der Einmündung in die Fußgängerzone Gerhofstraße. Der *Dichter* und *Philosoph Gotthold Ephraim Lessing* (1729–81) war zwischen 1767 und 1770 als Dramaturg am Deutschen Nationaltheater tätig. Unter anderem führte Lessing hier sein bürgerliches Lustspiel ›Minna von Barnhelm‹ zum ersten Mal auf.

ABC-Straße, Neue ABC-Straße und **Hohe Bleichen** lohnen einen Abstecher. Die engen Straßen mit ganzen Häuserreihen aus der Zeit um die Jahrhundertwende haben sich durch die aufwendige Fassaden-Erneuerung zu einem städtebaulichen Juwel, auch ›*Quartier Satin*‹ genannt, entwickelt. Diese scherzhafte Bezeichnung bezieht sich auf die zahlreichen hier ansässigen Edelboutiquen, Antiquitätengeschäfte und Juweliere. Im Haus ABC-Straße Nr. 50 wurde bereits 1850 ein Laden mit einem Schaufenster eingerichtet, das damit das älteste erhaltene Schaufenster in der Stadt ist.

Nicht versäumen sollte man einen Gang durch die **Poststraße**, die man entweder über Hohe Bleichen oder Gerhofstraße erreicht. Die Poststraße, 1842 angelegt, avancierte mit ihren eleganten Geschäften zu einem beliebten Einkaufszentrum. In der schmalen Straße stehen noch viele gut erhaltene Kontorhäuser aus der Gründerzeit. Sehr schön ist das **Australhaus** (Nr. 17–19) mit seiner grünblau schimmernden ›grès flammée‹ – *Keramikverkleidung*. Eines der wenigen erhaltenen Etagen-Wohnhäuser befindet sich in der Poststraße Nr. 35, es wurde 1878–80 im Stil der Neorenaissance erbaut. Nur ein paar Schritte weiter steht das **Klopstockhaus** (Nr. 36) mit der Büste *Friedrich Gottlieb Klopstocks* (1724–1803): An dieser Stelle befand sich das Wohnhaus des Dichters, in dem der Schöpfer des ›Messias‹ von 1774 bis zu seinem Tode lebte.

Das interessanteste Gebäude in der Poststraße ist die **Alte Post** (Nr. 9–11). Der helle Backsteinbau wurde 1845–47 von Alexis de Chateauneuf im Stil italienischer Paläste entworfen. Der *Turm* erinnert an einen Campanile und diente für einige Jahre als Zeigertelegraf für die Nachrichtenverbindung zur Elbmündung nach Cuxhaven. 1968–71 wurde das Gebäude in ein *Büro- und Geschäftshaus* mit Einkaufspassage umgewandelt.

TOP TIPP 10 Passagen

Zwischen Jungfernstieg
und Rathausmarkt
U-Bahn Gänsemarkt, Rathaus

Die größte Ansammlung von Einkaufsgalerien in Europa. Shopping ohne Regenschirm.

Gegenüber der Alten Post, Ecke Poststraße/Große Bleichen befindet sich der Eingang in das **Hanse-Viertel**. Die 9400 m² große Einkaufsmeile ist eine der 13 Passagen der Stadt, die sich zwischen Rathausmarkt und Gänsemarkt gut einen Kilometer lang durch ehemalige Kontorhäuser und ihre Höfe entlangziehen. Man nennt diesen Bereich deshalb auch das *Passagenviertel*. Der Bau dieser Einkaufsgalerien mit ihren vielfältigen Einkaufs- und Bummelmöglichkeiten wurde zu Beginn der 80-er Jahre des 20. Jh. initiiert, um die damals verödete Innenstadt wieder attraktiver zu machen. Das Konzept ging auf – heute ist die Stadtmitte auch an Regentagen und in den Abendstunden belebt.

Ein Bummel durch die Galerien könnte in der **Gänsemarktpassage**, die Ende der 1970er-Jahre erbaut wurde, beginnen und durch die gegenüberliegenden Einkaufszentren **Neuer Gänsemarkt** und **Gerhof-Passage** führen. In diesen Passagen finden sich Boutiquen und Ladenketten, die Waren in allen Preislagen anbie-

◁ *Moderne Erlebniswelt Einkaufspassage: Auf 9400 m² kann man im Hanse-Viertel unter verglasten Tonnendächern alles finden, was das Konsumentenherz begehrt*

ten. Im **Hanse-Viertel**, zwischen 1976 und 1981 vom Architektenteam *Gerkan, Marg & Partner* im Kontorhaus-Stil angelegt, treffen sich begüterte Hamburger zum Schampus- und Austernschlürfen. Die 200 m langen Gänge sind aus Backstein und mit *verglasten Tonnendächern* versehen; das größte hat einen Durchmesser von 14,4 m. In den braunroten Klinkerboden eingelassen sind bronzene Intarsien, die auf die Hanse-Vergangenheit hinweisen.

Sehr gediegen und vornehm wirkt der **Bleichenhof** (1990) am Ende der Großen Bleichen mit seiner hellen *Marmorausstattung*. Hier haben teure Boutiquen für anspruchsvolle Mode sowie Antiquitätengeschäfte ihren Standort. Auch wenn die Passage **Kaufmannshaus**, ein vor dem Ersten Weltkrieg errichtetes Kontorhaus, im Inneren schmucklos wirkt, so ist doch die Fassade aus weiß glasierten Ziegeln, geschmückt mit *Jugendstilornamenten*, sehenswert. 1976–78 wurde das Gebäude von den Architekten *Graf, Schweger & Partner* erneuert.

Eine der schönsten Hamburger Passagen ist die 1983 eröffnete **Galleria**, in deren rund 25 kleinen Läden das ebenso junge wie zahlungskräftige Publikum bevorzugt einkauft. Grauer Granitfußboden mit Marmoreinlege-Arbeiten, Marmorpilaster und bemalter Stuck erzeugen hier eine klassisch-kühle Atmosphäre. Weiter geht es durch die Passage der **Alten Post** in den gegenüberliegenden **Hamburger Hof**. Vor allem in der Weihnachtszeit ist der Besuch dieser Einkaufspassage ein ›Muss‹ – ein riesiger lämpchengeschmückter Tannenbaum beleuchtet dann die Schaufensterauslagen. Nicht zu vergessen sind die Alsterarkaden, unter deren Rundbögen *traditionsreiche Geschäfte* ansässig sind, sowie die kleine **Mellin-Passage** [s. S. 21], deren bemalte Deckenwölbungen sie zu einem architektonischen Schmuckstück machen. Etwas abseits des Passagen-Viertels, am oberen Ende der Mönckebergstraße, befindet sich die jüngste der Hamburger Passagen, das **Levantehaus**, mit rund 40 Boutiquen, Cafés und Restaurants.

Eine weitere Passage von gigantischen Ausmaßen ensteht seit Sommer 2003 zwischen Binnenalster und Mönckebergstraße [Nr. 14]. Mit der zum Ballindamm gelegenen Fassade soll die zukünftige **Europa-Passage** auf fünf Ebenen Platz für Handel und Gastrono-

Ein Blick nach oben lohnt sich immer: Die Mellin-Passage ist wegen ihrer bemalten Deckenwölbungen berühmt

Italienisches Flair unter den Alsterarkaden am Jungfernstieg

mie schaffen. Allein für den Einzelhandel ist eine Fläche von 32 000 m^2 vorgesehen. Die Fertigstellung der Passage, für die ganze Gebäudekomplexe abgerissen werden, ist für Oktober 2006 geplant.

11 Große Bleichen

U-Bahn Jungfernstieg

Im Zentrum der Passagen.

Eine beliebte **Einkaufsstraße** sind die Großen Bleichen, da hier die Eingänge zu fünf Passagen (Hanse-Viertel, Alte Post, Galleria, Kaufmannshof und Bleichenhof) liegen. Im 16. und 17. Jh. wurde diese Straße erschlossen, Mitte des 19. Jh. bauten hier die wohlhabenden Bürger ihre Stadtvillen. Um die Wende zum 20. Jh. wurden diese Wohnhäuser mehr und mehr als Bürohäuser genutzt bzw. durch Kontore ersetzt.

In Haus Nr. 10 befindet sich das **Delikatessengeschäft L. W. Michelsen**, 1814 gegründet und unter Wilhelm II. kaiserlicher Hoflieferant. In Haus Nr. 27 ist das **Ohnsorg-Theater** untergebracht, das seine plattdeutschen Volksstücke seit 100 Jahren aufführt. Seit Jahren ist es einer breiten Öffentlichkeit durch das Fernsehen bekannt. Schräg gegenüber steht das Nobelhotel ›**Hamburger Renaissance**‹, ein dunkelrotes Backsteingebäude, das *Fritz Höger* 1926 entwarf. Das Gebäude, in dem damals Hamburgs wichtigste Zeitung, das ›Hamburger Fremdenblatt‹ herausgegeben wurde, gilt als eines der Hauptwerke des Architekten. Im Zweiten Weltkrieg wurde es stark zerstört. Wegen des Wohnraummangels fand hier 1946 der Schriftsteller *C. W. Ceram* Unterschlupf, der ›Götter, Gräber und Gelehrte‹ schrieb.

TOP TIPP

12 Neuer Wall

U-Bahn Jungfernstieg

Traditionsreiche Geschäfte in alten Kontorhäusern.

In den zum Teil sehr sehenswerten Kontorhäusern des Neuen Walls befinden sich zahlreiche alteingesessene Hamburger Geschäfte, die oftmals sehr gediegen im englischen Stil eingerichtet sind. ›Very british‹ geht es bei **Ladage & Oelke** zu – ein Herrenausstatter, der bereits seit 1845 feinste englische und hanseatische Kleidung anbietet.

›Quartier Satin‹ heißt das Gebiet rund um die ABC-Straße wegen seiner Vielzahl von Edelboutiquen

Unter den Kontorhäusern sind weiter beachtenswert: Das **Gutruf-Haus** (Nr. 10), das letzte vor dem Ersten Weltkrieg in der City erbaute Kontorhaus, sowie das **Hildebrandt-Haus** (Nr. 18), welches 1907/08 errichtet wurde und dessen Eingang *Marmor-* und *Mosaikdekorationen* sowie *Jugendstil-Lampen* zieren. Im Haus Nr. 28 lebte Heinrich Heine für einige Zeit mit seiner Mutter.

Am Ende des Neuen Walls steht das **Görtz-Palais** (Nr. 86), eines der seltenen Barockhäuser in Hamburg. Es wurde 1710 für den holsteinisch-gottorpschen Gesandten in Hamburg, Georg Heinrich Freiherr von Schlitz, genannt von Görtz (1675–1719), errichtet. Die *Front* wird durch Mittel- und Seitenrisalite, durch Pilaster und dorische Säulen gegliedert.

Gegenüber dem Haus steht das bronzende **Petersen-Denkmal** für den Bürgermeister Carl Friedrich Petersen (1806–1892), das Viktor Tilgner 1897 vom langjährigen Vorsitzenden der Rathaus-Baukommission schuf.

Der Komplex hinter dem Görtz-Palais, das **Stadthaus**, ist heute Sitz der Hamburger Baubehörde. Eine Gedenktafel am Eingang (Stadthausbrücke) weist darauf hin, dass hier von 1933 bis 1943 das Hauptquartier der Hamburger Gestapo untergebracht war. Auf der gegenüberliegenden Seite des Stadthauses befindet sich der Komplex **Fleetinsel**. Hier wurden zu Beginn der 90er-Jahre des 20. Jh. Hotel- und Geschäftshäuser errichtet.

Die Mönckebergstraße: Einkaufsmeile zwischen Kontorhäusern

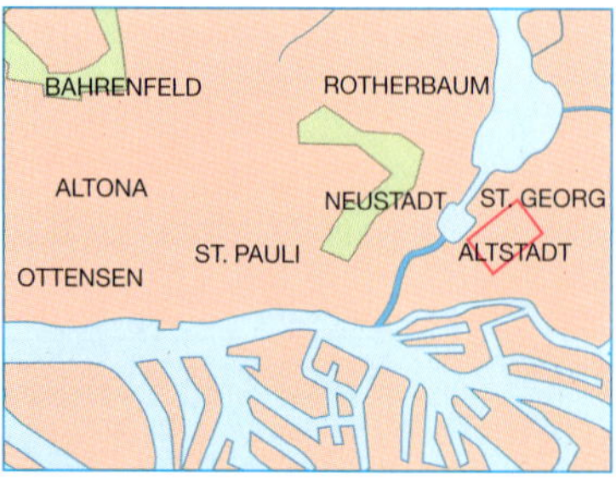

Die Mö, so nennen Hamburger Bürger liebevoll ihre **Mönckebergstraße**. Die verkehrsberuhigte Einkaufsmeile verbindet den Hauptbahnhof mit dem Rathausmarkt [Nr. 1]. Wo heute die größten Kaufhäuser der Stadt mit ihren Auslagen täglich 250 000 Passanten anlocken und Straßenmusikanten aus aller Welt auftreten, zählten Anfang des 20. Jh. die Hamburger ›Pfeffersäcke‹, wie man die Kaufleute gerne etwas ironisch nannte, ihr Geld: *Prachtvolle Kontorhäuser* (Kontor hat seinen Ursprung in dem Wort Konto) säumen die leicht s-förmig geschwungene Straße. Benannt ist der Boulevard nach dem Hamburger Bürgermeister *Johann Georg Mönckeberg* (1839–1908). Von 1909–13 wurde die noch relativ junge Mönckebergstraße angelegt. Kaum zu glauben, dass sich hier bis in den Ausgang des 19. Jh. ein **Gängeviertel** aus Fachwerkhäusern erstreckte. Nach der *Choleraepidemie* von 1892 und der Eröffnung des Hauptbahnhofes 1906 wurde das Quartier zum Sanierungsgebiet erklärt. Eine Kommission unter Hamburgs berühmtem Oberbaudirektor Fritz Schumacher setzte **städtebauliche Einheitlichkeit** in der Mönckebergstraße durch. Dem Baumeister Schumacher kommt in Hamburg eine Sonderstellung zu – denn er hat das Stadtbild der Elb-Metropole geprägt wie kein anderer. Unter seiner Ära erlebte der Backstein in Hamburg eine neue, dauerhafte Blüte. Während des Zweiten Weltkrieges wurden viele Häuser in der Mönckebergstraße zerstört, und beim Wiederaufbau sowie bei späteren Erneuerungen sind manche Fassaden zeitgemäß gestaltet worden. Gleichwohl kann man sich anhand der noch erhaltenen **Backsteinbauten** ein Bild des ursprünglichen Pracht-Boulevards machen.

13 Hauptbahnhof

Kirchenallee/Steindamm/
Steintorwall
Alle U- und S-Bahnlinien

Zugfahren und Einkaufen: Leben am Hamburger Hauptbahnhof.

Die Bahnhofshalle mit den niedrigen Seitenschiffen ist der ›Halle des Machines‹ der Pariser Weltausstellung von 1900 nachempfunden. Die 35 m hohe und 140 m × 120 m breite freitragende **Hallenkonstruktion** aus Glas und Stahl wird eingerahmt von zwei Seitenschiffen und überspannt sechs Gleispaare sowie fünf Bahnsteige. Der Hauptbahnhof stellt einen der bedeutendsten Knotenpunkte im *europäischen Eisenbahnnetz* dar – täglich verlassen mehr als 600 Fernzüge die Stadt. Lange Jahre als schmuddeliger Schandfleck der Stadt gescholten, wurde der Hauptbahnhof bis zum Jahr 1991 restauriert. Im nördlichen Bereich bietet die für 80 Millionen Mark errichtete **Wandelhalle** Einkaufsmöglichkeiten bis 22 Uhr. Sie machte den Hauptbahnhof zu einem beliebten Treff nicht nur für Reisende. In der zweistöckigen **Geschäftspassage** aus Stahl, Glas und Klinker ist eine ›Gourmet-Station‹ mit internationalen Einkaufsständen eingerichtet (geöffnet bis 23 Uhr).

Mit dem Bau des Hauptbahnhofs von 1903–06 wollten die Hamburger ein sichtbares Zeichen der Einigung der Stadt setzen. Der neue Schienenknotenpunkt auf dem Gelände des einstigen Stadtwalls ersetzte die Bahnhöfe der Berliner, der Hannoverschen sowie der Lübecker Bahn.

Nikolausgeschenk an die Stadt – Am 6. Dezember 1906 wurde der Hamburger Hauptbahnhof eröffnet

14 Mönckebergstraße

Alle U- und S-Bahnen Hauptbahnhof (Nordende), U-Bahn Mönckebergstraße (Mitte), U-Bahn Rathaus (Südende)

Reizvolle Gegensätze: Moderne Warenhäuser in traditionsreichen Kontorgebäuden.

Lange galt der Anfang der Mönckeberg straße mit den düsteren, fensterlosen Fassaden zweier Warenhäuser als Schandfleck der Innenstadt. Frisch renoviert – in einem hellen und transparenten Stil – bilden sie nun einen reizvollen Kontrast zu den mächtigen Kontorhäusern. Den Anfang auf der rechten Seite macht das Kontorgebäude **Südseehaus** (Nr. 6). Erbaut 1911/12, ziert den roten Klinkerbau ein reiches *Portal* im Stil des Neobarock. Auf der gegenüberliegenden Seite liegt das **Klöpperhaus** (Nr. 3), das 1912/13 vom Architekten Fritz Höger für den Wollhändler Heinrich Adolf Klöpper entworfen wurde. Die *Backsteinfassade* ist durch Lisenen und nach außen gewölbte Fenstergruppen gegliedert. Am *Hauptportal* zur Straße Lange Mühren weisen Bronze-Schafe von August Gaul auf den Beruf des Bauherrn hin. Ein paar Schritte weiter steht das **Hammonia-Haus** (1912/13), Nr. 5. Steinerne Schotten in der Fassade erinnern an den früheren Namen des Hauses, *Caledonia-Haus*. Direkt daneben befindet sich das 1997 eröffnete **Levantehaus**, eine einladende Passage mit rund 40 Geschäften, Cafés und Bistros, in dessen rückwärtigem Teil – zur Bugenstraße hin gelegen – das Hyatt-Hotel seine Pforten geöffnet hat. Ursprüng-

Vorhang auf für spektakuläre Inszenierungen im Thalia Theater!

Pfeffersäcke und Postmoderne

Schnörkelige Barockbauten, romantische Stadtschlösschen – solche Bauten wird man in Hamburg vergeblich suchen. Die Hansestadt zeigt auch mit ihren Fassaden, was sie seit jeher ist: Eine Kaufmannsstadt, deren Architektur Nützlichkeit und unauffällig-edle Schönheit miteinander verbindet. Bloß kein Firlefanz – ein hanseatisches Motto, das sich nicht nur in der historischen, sondern auch in der zeitgenössischen Bauweise der Stadt spiegelt.

Vier wichtige Bautypen machen das charakteristische Bild Hamburgs aus: die **Kontorhäuser** *der Kaufleute, die ›Pfeffersäcke‹ genannt werden, die roten* **Mietshäuser** *aus Backstein, die eleganten weißen* **Villen** *um die Außenalster und – seit einigen Jahren –* **postmoderne Geschäftsbauten** *aus Glas, Stahl und natürlich Backstein.*

Bereits Fritz Schumacher, Oberbaudirektor in Hamburg von 1909 bis 1933 – und damit verantwortlich für die Gestaltung der Mönckebergstraße [s. S. 30 f.], der Jarrestadt [s. S. 97] und des Stadtparks [s. S. 97] – achtete streng auf **städtebauliche Einheitlichkeit**. *Und so haben auch die Bauherren und Architekten der Postmoderne Bauwerke geschaffen, die sowohl mit dem bereits bestehenden Stadtbild als auch mit den anderen Neubauten harmonieren. Zu den schönsten Gebäuden, die man sich unbedingt anschauen sollte, zählen der neue Flughafenterminal [s. S. 100], das Verlagsgebäude Gruner + Jahr [s. S. 52] und der England-Fährterminal [s. S. 55].*

lich wurde der ehemalige *›Hubertushof‹* im Jahre 1912 vom Architekten Franz Bach als Kontorhaus errichtet und auch bis 1994 als Bürohaus genutzt. Gegenüber befindet sich das Doppel-Kontorhaus **Barkhof** von 1910 (Nr. 8–10) mit 170 Metern Straßenfront und einem Durchgang zur Spitalerstraße, der ›kleinen Schwester der Mö‹. An der spitzen Ecke, in der beide Straßen zusammenlaufen, errichtete Fritz Schumacher (gemeinsam mit Georg Wrba) zum Andenken an den Bürgermeister Mönckeberg den **Mönckebergbrunnen** und einen dorischen **Tempel** (1913–15), in dem sich heute, zum Unwillen traditionsbewusster Hamburger, ein *Fast-Food-Restaurant* befindet. Etwas weiter südlich an der Mönckebergstraße liegt der **Gerhart-Hauptmann-Platz**, an dessen Nordende das Thalia-Theater beheimatet ist. Neben Klassikern von William Shakespeare bis Bertolt Brecht hat das Haus in den letzten Jahren viele zeitgenössische Stücke – u. a. von Bob Wilson und Tom Waits – aufgeführt und sich dadurch internationale Anerkennung verschafft. Das *neoklassizistische Säulenportal* des 1911/12 nach Entwürfen von Werner Lundt und Georg Kallmorgen errichteten Theatergebäudes verweist auf das Selbstverständnis des Schauspielhauses als Tempel der Musen (Eingang Alstertor 2). Im Theatergebäude bietet das französisch-inspirierte Restaurant-Bistro ›Le Paquebot‹ eine exzellente Küche.

Gegenüber dem Theater steht der 1922 von Hans und Oskar Gerson entworfene **Thalia-Hof** (Alstertor 1). Der Name weist auf das erste, 1843 an dieser Stelle errichtete Thalia Theater hin. Eine *Pferdeskulptur* von Ludwig Kunstmann, welche sich an der Hausecke befindet, erinnert an die ursprüngliche Bedeutung des Platzes, als hier noch der Hamburger Pferdemarkt stattfand.

Geht man zurück auf die Mönckebergstraße, unterbricht auf der gegen-

Die Niederländer hinterließen hier ihre Spuren – Die Fassade des Hulbe-Hauses wird geschmückt von hübschen Medaillons

Das im niederländischen Renaissancestil errichtete Hulbe-Haus (1911) fällt zwischen den schlichten Kontorhäusern an der Mönckebergstraße aus dem Rahmen

überliegenden Straßenseite das **Hulbe-Haus** (Nr. 21) den einheitlich nüchternen Kontorhausstil und schafft dadurch architektonisch eine Verbindung zum Rathausmarkt mit dem Rathaus. Das kleine Gebäude im niederländischen *Renaissancestil* ließ 1911 Georg Hulbe von Henry Grell errichten, um hier einen Kunstgewerbehandel zu betreiben. Das Haus ziert eine vergoldete *Kogge* (dickbauchiges Hanseschiff).

15 St. Jacobi

Zwischen Mönckebergstraße und Steinstraße,U-Bahn Mönckebergstraße

In der Hauptkirche St. Jacobi befindet sich die größte erhaltene Barockorgel Nordeuropas.

Als sei er eine Mahnung an die stark geschäftsorientierten Hanseaten, ragt der kupferverkleidete Turm von St. Jacobi, von den Hamburgern auch **›Bleistift‹** genannt, hoch über die Kontorhäuser der

Gekonnt in Gold: Der St.-Trinitatis-Altar in der Jacobi-Kirche besticht durch feines Schnitzwerk

Mönckebergstraße hinaus. St. Jacobi wird urkundlich erstmals 1255 erwähnt. Der heutige Nachfolgebau wurde um 1350 errichtet und im Laufe der Jahrhunderte immer wieder erweitert und rekonstruiert. Der Chor der gotischen dreischiffigen **Backsteinhalle** wurde 1493–1508 um eine Sakristei erweitert. Alte Hamburg-Ansichten zeigen den hohen kuppelartigen Helm-Turm, der 1588 entstand. Er wurde 1826/27 durch den neogotischen ›Bleistift‹ von Hermann Peter Fersenfeldt ersetzt. 1707–08 erhielt die Nordseite einen lang gestreckten *Anbau*, in dem früher eine Kirchenschule untergebracht war und der heute als Gemeindehaus dient. Nach den Kriegszerstörungen entwarfen 1959–62 Hermann Hopp und Alfred Jäger den heutigen 128 m hohen *Turmhelm*.

Aus der wertvollen Innenausstattung des Gotteshauses sticht die vom großen norddeutschen Orgelbauer *Arp Schnitger* 1689–93 geschaffene **Barockorgel** hervor. Auf den 4000 Pfeifen, 60 Registern und vier Manualen spielte 1720 auch

Johann Sebastian Bach. Der **Lukas-Altar** wurde 1499 von der Hamburger Malergilde gestiftet. Er befindet sich im Südschiff und vereint sakrale Motive mit der Darstellung des weltlichen Malerberufes. Den **St.-Petri-Altar** in der südlichen Apsis spendeten 1508 die Fischer, und von den Böttchern stammt der **St.-Trinitatis-Altar** von 1518. Sandstein, Alabaster, Marmor und Blattgold verarbeitete 1610 der Hamburger Bildhauer Georg Baumann, als er die frühbarocke Kanzel schuf. Zwei bedeutende Bilder schmücken außerdem das Innere der Kirche: Eine *Stadtansicht* aus dem Jahre 1681 von Joachim Luhn sowie ›Der reiche Mann und der Tod‹ von David Kindt (1622). Wer nach so viel Kultur Entspannung sucht: Von Mai bis September ist jeden 1. Samstag das **Turmcafé** geöffnet.

16 St. Petri

An der Mönckebergstraße zwischen
Kreuslerstraße und Bergstraße
U-Bahn Rathaus

Die Hauptkirche St. Petri ist die älteste Kirche Hamburgs.

St. Petri, die älteste Kirche der Stadt, wurde erstmals 1195 als *Marktkirche* urkundlich erwähnt. Anfang des 14. Jh. ent-

St. Petri ist eine der fünf Hauptkirchen Hamburgs

Bereits Bach hat diese 4000 Pfeifen, 60 Register und vier Manuale in Schwung gebracht. Arp Schnitger schuf die prächtige Barockorgel von St. Jacobi 1689–93

Tradition und Tracht: Auf dem Gerhart-Hauptmann-Platz erfreuen eifrige Tänzer die Zuschauer

stand ein dreischiffiger Backsteinhallenbau, der beim Großen Brand von 1842 jedoch vollständig zerstört wurde. Alexis de Chateauneuf und Hermann Peter Fersenfeldt bauten 1844–49 die evangelische Hauptkirche auf den alten Grundmauern im neugotischen Stil wieder auf. Weil sich im Protestantismus der Prediger stärker zur Kanzel als zum Altar hin ausrichtet, wurde bei der Erneuerung im 19. Jh. ein viertes Seitenschiff angebaut. Somit besitzt die Kirche einen beinahe **quadratischen Grundriss**, was der beabsichtigten Breitenwirkung entsprach. Der kupferverkleidete **Turm** wurde 1878 nach Plänen von Johann Maack vollendet. Zahlreiche Ausstattungsstücke von St. Petri haben den Großen Brand sowie den Zweiten Weltkrieg glücklicherweise überstanden: so etwa der **bronzene Türzieher** mit Löwenkopf am Hauptportal, der von 1342 stammt. Die Kanzel schmückten die Erbauer mit **Alabasterfiguren** des alten Taufbeckens. Das Votivbildnis des hl. Ansgar vom Hamburger Maler Hans Bornemann ist von 1460, und eine lebensgroße **Sandsteinfigur** der Madonna mit Kind (um 1470) gehörte ursprünglich zum ehemaligen Theobaldaltar. Ein berühmtes Werk deutscher Gotik hatte seinen Platz bis 1734 in der Petrikirche. Man schenkte den bedeutenden Altar von *Meister Bertram* (um 1380) der Stadtkirche in Grabow. Diese großzügige Geste rettete den Altar vor dem verheerenden Brand. Nachdem das auch **Grabower Altar** genannte Meisterwerk danach lange Zeit als verschollen galt, konnte es 1903 für die Hamburger Kunsthalle [s. S. 39 f.] erworben werden.

Wie die mittelalterliche Kirche vor dem verheerenden Stadtbrand von 1842 aussah, zeigt ein *Modell* des Bauwerks im südlichen Seitenschiff.

Nur Schwindelfreie sollten den Blick in die Tiefe wagen: Treppenhaus des Sprinkenhofes. Das Gebäude an der Burchardstraße ist das größte Kontorhaus der Stadt

Flaggschiff in Backstein: Inmitten des Kontorhausviertels ragt das Chilehaus heraus. Fritz Hoger errichtete das zeitlose Bauwerk in den 20er-Jahren des 20. Jh.

TOP TIPP 17 Chilehaus

Zwischen Burchardplatz und Meßberg.
U-Bahn Meßberg

Wie ein großes Schiff, so schneidet das mächtige Chilehaus mit seinem Bug in das umliegende Kontorhausviertel.

Das Chilehaus war das erste und ist nach wie vor das bekannteste Gebäude im **Kontorhausviertel** zwischen Steinstraße und Meßberg. Es gilt als die bedeutendste Schöpfung des ›*Klinker-Expressionismus*‹ und wurde 1922–24 von Fritz Höger für den Kaufmann Henry Brarens Sloman erbaut. Seinen Namen verdankt das Chilehaus dem Land, in dem der Bauherr drei Jahrzehnte lang im Salpetergeschäft tätig war. Die Fassaden des Hauses laufen spitz zu einem monumentalen **Schiffsbug** zusammen. Als ›Flaggschiff in Backstein‹ soll es den Aufschwung der hanseatischen Wirtschaft nach dem Ersten Weltkrieg zum Ausdruck bringen. Es lohnt sich, einen Blick in die **Eingangshalle** und die seitlichen Treppenhäuser mit dem *Keramik-Wandschmuck* von Richard Kuöhl zu werfen.

Zwei weitere Klinkerbauten stechen im Kontorhausviertel hervor: Der **Sprinkenhof** und der **Meßberghof**. Der Sprinkenhof, Burchardstraße 6–14, welcher in drei Abschnitten zwischen 1927 und 1943 von Fritz Höger sowie Hans und Oskar Gerson erbaut wurde, ist das größte Kontorhaus der Stadt. Die Fassade wird wie ein Netz von *filigranem Klinkerschmuck* überzogen. Der Meßberg (Meßberg 1) wurde 1923/24 ebenfalls von den Gerson-Brüdern errichtet. Das Gebäude hieß ursprünglich Ballinhaus – nach dem Bauherrn und Generaldirektor der Hamburg-Amerika-Linie HAPAG, Albert Ballin (1857–1918).

Die Museumsmeile: Kunst kontra Kommerz

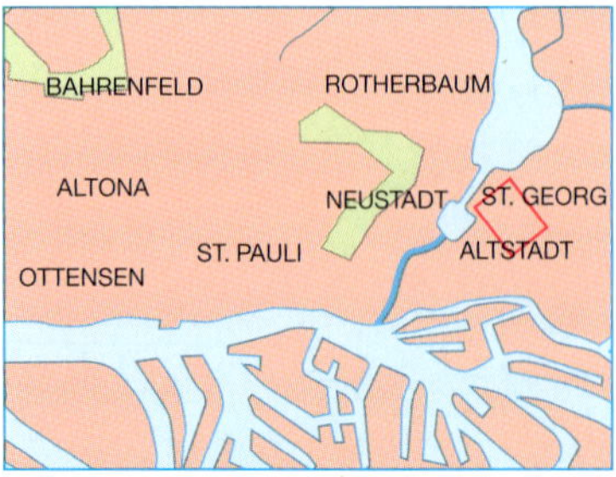

Kunstfans kommen in Hamburg auf ihre Kosten. Fakten widerlegen das alte Vorurteil, dass die Hansestadt die Kunst zugunsten von Kommerz vernachlässige. Hamburg verfügt über sieben **staatliche Museen** und circa 40 **öffentliche und private Museen**. Jährlich pilgern mehr als eine Million Touristen und Hanseaten in die kleinen und großen Ausstellungen in Hamburgs Museumslandschaft. Allein drei der bedeutendsten Museen der Stadt sowie die Markthalle sind bequem zu Fuß vom Hauptbahnhof aus zu erreichen.

18 Deichtorhallen

Deichtorstraße 1,
U-Bahn und S-Bahn Hauptbahnhof/
U-Bahn Steinstraße

Wo einst Blumen blühten…

In den Deichtorhallen fand bis 1962 der **Gemüse- und Obstgroßmarkt** statt, bis 1983 gab es dort noch den **Blumengroßmarkt**. Heute werden hier auf rund 6000 m² Fläche Ausstellungen moderner Kunst von internationalem Rang gezeigt. Die Deichtormarkthallen wurden 1911–14 errichtet und sind ein typisches Zeugnis der **Architektur der Moderne**, die Ingenieurs- und Baukunst vereinigte. Die großzügigen Dachwölbungen werden gestützt von Eisenwänden mit Klinkerausfachungen. Nach der vom Hamburger Kunstmäzen *Kurt A. Körber* (1909–1992) finanzierten Umgestaltung durch Joseph Paul Kleihues wurde das Ausstellungszentrum 1989 zum 800-jährigen Hafenjubiläum eröffnet. Seither finden hier wechselnde Ausstellungen zeitgenössischer Kunst statt – gezeigt wurden bereits u. a. Werke von Andy Warhol, Annie Leibowitz, Helmut Newton oder Keith Haring.

Auch die **Markthalle** am Klosterwall 9 diente ursprünglich dem Verkauf von Blumen. Neben Konzertveranstaltungen befindet sich hier das Ausstellungszentrum des Kunstvereins, des Berufsverbandes Bildender Künstler und der Freien Akademie der Künste.

Öffnungszeiten S. 128

TOP TIPP 19 Museum für Kunst und Gewerbe

Steintorplatz 1
U-Bahn und S-Bahnen Hauptbahnhof

Jugendstil ohne Ende.

Das Museum für Kunst und Gewerbe, 1877 von *Justus Brinckmann* gegründet, zeigt Hamburgs vielseitigste Sammlung: Eine Vielzahl von Kunstprodukten unterschiedlicher Stilperioden und Kulturkreise. Darunter findet sich eine der größten Jugendstilsammlungen der Welt.

Im **Erdgeschoss** werden Kunstgegenstände aus den Epochen Mittelalter, Renaissance, Barock, Rokoko sowie Klassizismus gezeigt. Zu den Exponaten zählen Holzskulpturen, Textilien, Arbeiten aus Bronze, Silber, Gold und Elfenbein (Mittelalter), Möbel, Teppiche, Gläser und Majolika-Geschirr (Renaissance). Im Erdgeschoss kann man außerdem Einrichtungsgegenstände, Musikinstrumente und Goldschmiedearbeiten (Rokoko und Klassizismus) besichtigen.

Der **erste Stock** ist in die Abteilungen Islam, Ostasien, Antike, Moderne und Jugendstil unterteilt. In den islamischen und ostasiatischen Abteilungen erwarten den Besucher u. a. Bronzen, Keramik, Teppiche, Porzellan und Bücher. Das Herzstück der antiken Sammlung bilden *etruskische Plastiken* und *griechische Keramik*. Die **Jugendstilsammlung** ist einzigartig in ihrer Breite. Die Krönung stellt das vollständig im Jugendstil eingerichtete ›*Pariser Zimmer*‹ dar, das der

Kunst-Kubus auf rosa Sockel – 1997 wurde Ungers' Galerie der Gegenwart eröffnet

Gründer des Museums auf der Weltausstellung von 1900 erwarb. Im ersten Stock findet sich die Sammlung zur Geschichte der Fotografie sowie die Abteilung der Moderne mit Bauhaus, Expressionismus und Design.

Im **zweiten Stock** sind weitere Exponate aus der Sammlung moderner Kunst zu besichtigen. Zusätzliche Ausstellungsfläche wurde durch die Überdachung des südlichen Innenhofs geschaffen. Der im September 2000 eröffnete Erweiterungsbau des **Schümann-Flügels** beherbergt eine *Sammlung historischer Tasteninstrumente* sowie im *Forum Gestaltung* Ausstellungsstücke aus Fotografie, Kunsthandwerk und Graphikdesign der 2. Hälfte des 20. Jh.

Öffnungszeiten S. 129

TOP TIPP 20 Hamburger Kunsthalle mit Galerie der Gegenwart

Glockengießerwall
U-Bahn und S-Bahnen Hauptbahnhof

Eine der bedeutendsten Gemälde- und Skulpturensammlungen Deutschlands, vom 13. Jh. bis in die Gegenwart.

Hamburgs Museumslandschaft verfügt seit 1997 über eine neue Attraktion: die Galerie der Gegenwart, entworfen von Oswald Mathias Ungers. Als strahlend weißer Kubus auf einem pyramidalen rosafarbenem Sockel präsentiert sich der Erweiterungsbau der Kunsthalle für Werke zeitgenössischer internationaler Künstler von der Pop-Art bis heute. Im Zusammenspiel von Malerei, Skulptur und Installation sind faszinierende Erlebnisräume entstanden.

Die Hamburger Kunsthalle umfasste bisher einen **Altbau,** welcher 1869 fertiggestellt war, mit einem **Erweiterungsbau** (Eröffnung 1919). Gegründet wurde das Museum 1817 durch den ›Kunstverein Hamburg‹. Einen bedeutenden Teil der Sammlung verdankt die Kunsthalle ihrem umtriebigen ersten Direktor *Alfred Lichtwark*, der ab 1866 im Amt war. Unermüdlich trug er Werke Hamburger Maler des Mittelalters und Bilder damaliger zeitgenössischer Künstler zusammen.

Ein Rundgang durch die Kunsthalle sollte – gemäß der chronologischen Reihenfolge der Gemälde – im **ersten Stock** beginnen. Hier kann man, verteilt auf 13 Säle und 16 Kabinette, Werke vom späten Mittelalter bis zum Ausgang des 19. Jh. betrachten. Hervorzuheben sind die *mittelalterlichen Altäre* der Hamburger Meister Bertram (um 1380) und Meister Francke (1424). Zu den bedeutenden Werken des 18. Jh. zählen Bilder von Giambattista Tiepolo, Canaletto, Jean Honoré Fragonard und Francisco José de Goya. Die *Kunst des 19. Jh.* ist u. a. vertreten durch Gemälde von Anselm Feuerbach, Eugène Delacroix, Edouard Manet, Claude Monet, Auguste Renoir sowie durch Werke verschiedener *Romantikschulen*, wie zum Beispiel der Nazarener. Ein eigener Saal präsentiert Werke des Hamburger Malers **Philipp Otto Runge**, darunter das wohl bekannteste Werk ›Die Hülsenbeckschen Kinder‹ von 1805/06. Ein weiterer Schwerpunkt der Sammlung liegt auf Werken von **Caspar David Friedrich**. Man sieht ›Das Eismeer‹ von 1823/24 sowie das berühmte Gemälde ›Der Wanderer über dem Nebelmeer‹ (um 1818). Von Adolph Menzel sind u. a. ›Friedrich der Große in Lissa: Bon Soir Messieurs!‹ (1858) und ›Atelierwand‹ (1872) ausgestellt.

Der **erste Stock** des Altbaus ist den Meistern des 20. Jh. vorbehalten. Werke von Max Liebermann und Lovis Corinth repräsentieren den *deutschen Impressionismus*, Bilder von Ernst Ludwig Kirchner und Emil Nolde vertreten den *Expressionismus*. Ein eigener Raum enthält Werke von **Max Beckmann**. Die Moderne dokumentieren zudem Werke von Edvard Munch, Pablo Picasso und Georges Braque. Den *Surrealismus* führen André Masson und Francis Picabia an, die *Neue Sachlichkeit* vertritt u.a. Otto Dix.

Die Kunst nach 1945 kann man im **Erdgeschoss** besichtigen. Teile davon werden aus Platzgründen in Wechselausstellungen gezeigt.

Der neue Trakt der Kunsthalle, die **Galerie der Gegenwart** des Architekten Oswald Mathias Ungers, ist unterirdisch mit deren älteren Gebäuden verbunden. Ihre 5600 m² sind hochkarätiger interna-

Magisches Kaleidoskop – der Lichthof im Zentrum der Galerie der Gegenwart entfaltet ein faszinierendes Spiel von Fenstern und Lichtbändern

Hymne an Sinneslust und zugleich Elegie des Einsamen: Max Beckmanns Gemälde ›Odysseus und Kalypso‹ (1943)

tionaler Kunst der Zweiten Moderne seit etwa 1960 vorbehalten. Im Mittelpunkt stehen Werke und Werkgruppen bedeutender zeitgenössischer Künstler wie Andy Warhol, Joseph Beuys, Bruce Nauman, Richard Serra, Jannis Kounellis, Georg Baselitz, Gerhard Richter und Sigmar Polke. Gleichzeitig werden die von ihnen präsentierten künstlerischen Strömungen und kunsthistorische Zusammenhänge wie Pop-Art, Minimal Art oder Fluxus veranschaulicht. Gelungen ist die Inszenierung der zahlreichen monumentalen Werke auch dank der Lichtregie Ungers'. Zu den größten Attraktionen der Galerie der Gegenwart zählt das **Horst Janssen-Kabinett**, in dem jedes Jahr 4–6 Wechselausstellungen das Werk des Künstlers vorstellen. Ebenfalls sehenswert ist eine Kollektion von **Künstler-Videos**, die in einem Pavillon von Dan Graham zu sehen ist.

Das ehemalige Theater in der Kunsthalle (TIK) wird derzeit zu einem Areal für Wechselausstellungen und Veranstaltungen umgewandelt. Dieses neue **Hubertus-Wald-Forum** soll im Januar 2004 eröffnet werden.

Öffnungszeiten S. 128

Zwischen Domplatz und Trostbrücke: Hamburgs historische Zentren

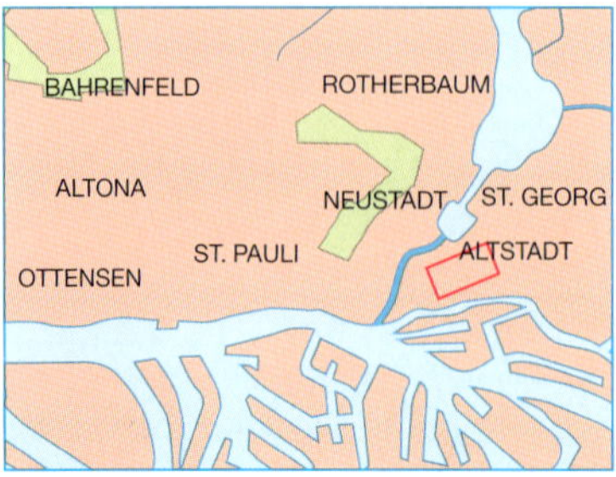

Historische Kontorbauten, Alt-Hamburger Kaufmannshäuser und Fleete – Zeugen einer Zeit, in der die Hansestadt zur wohlhabenden Metropole wurde. Doch vom historischen, mehr als 800 Jahre **alten Hamburg** kann man leider nicht mehr allzu viel besichtigen, denn der Große Brand von 1842 und die Bombennächte während des Zweiten Weltkrieges haben die Altstadt Hamburgs fast völlig vernichtet. Wer sich zur Erkundung auf die Suche macht, muss nach **zwei historischen Zentren** suchen. Rund um den Domplatz, dem ersten Zentrum, findet man indes nur noch einen spärlichen Rest der alten Stadt: das *Fundament des Bischofsturms*. Das zweite historische Zentrum der Stadt, 1188 mit dem Hafen an der Alster gegründet, befand sich im Bereich der Trostbrücke. Nur der *Hafen* ist geblieben – und eben einige *Kontorhäuser* aus drei Jahrhunderten. Man entdeckt sie noch in der Deichstraße [s. S. 50] und der Umgebung. Ein Spaziergang lohnt allemal!

21 Schauraum Bischofsturm

Speersort 10
U-Bahn Rathaus

Das älteste Fundament Hamburgs.

Die Spurensuche nach den Anfängen Hamburgs sollte für jeden interessierten Besucher nach Möglichkeit im Schauraum Bischofsturm bei der St.-Petri-Kirche beginnen. 1962 fand man hier bei Ausschachtungsarbeiten ein 4 m starkes, kreisförmiges **Stein-Fundament**, das einem Bischofsturm aus dem 11. Jh. zugrunde lag. Dieser gehörte zum 1040 errichteten Wohnhaus des damaligen Erzbischofs Bezelin Alebrand und ist damit der Rest des **ältesten profanen Steinbaus** in Hamburg. Dieser Turm stand im ersten – bischöflichen – Zentrum der Stadt, das Mitte des 9. Jh. um die *karolingische Hammaburg* (heute Domplatz) angelegt wurde. Das zweite – weltliche – Zentrum, das sich Ende des 12. Jh. entwickelte, befand sich dann an der *Trostbrücke*. Im Schauraum **Bischofsturm** sind heute neben dem besagten Fundament des Turms auch Reste eines Brunnens sowie Gebrauchsgegenstände aus dem Mittelalter zu sehen.

Öffnungszeiten S. 129

22 Domplatz

Zwischen Speersort und Curienstraße
U-Bahn Rathaus

Die Bischofsstadt, das erste Stadtzentrum.

Nichts erinnert mehr an das erste Zentrum Hamburgs an der einstigen Hammaburg (heute Domplatz). Der Brand von 1842, die Citybildung der Wende vom 19. zum 20. Jh. und vor allem die Bombardierungen des Zweiten Weltkrieges zerstörten viel von der alten Bausubstanz. Heute ist der Domplatz ein schlichter **Parkplatz**. In diesem Zentrum der Bischofsstadt stand ab 830 eine hölzerne Kathedrale, die im 13. Jh. durch eine Basilika in Backsteinbau, den **Mariendom**, ersetzt wurde. Rund um das Gotteshaus siedelten sich Händler und Kaufleute an. Der Mariendom wurde jedoch Anfang des 19. Jh. abgerissen. Das Gebiet um den Dom hatte bis 1803 der Kirche gehört, durch den Abbruch des Gotteshauses wollte Hamburg seine Stadtherrschaft dokumentieren.

Einzige Erinnerungen an den Mariendom sind Überreste des *Lettners* aus dem 14. Jh. sowie eine *Steinmadonna* aus dem 15. Jh., die man heute im Museum für Hamburgische Geschichte [Nr. 40] besichtigen kann.

Zwei Elefanten aus Bronze bewachen den Eingang im Hof: Das Afrika-Haus wurde 1899 für die Reederei Woermann errichtet

1837 erbaute man auf dem Platz das Johanneum, eine **humanistische Gelehrtenschule**, später Sitz der Staatsbibliothek. Das Gebäude brannte 1943 ab, wertvolle Bücher gingen verloren.

An der Nord-Ostseite des Platzes (Speersort 1) steht das **Pressehaus**. Es wurde 1938 von den Nationalsozialisten errichtet, die hier das ›Hamburger Tageblatt‹ der NSDAP herausgaben. Nach dem Krieg arbeiteten in dem Gebäude die Redaktionen des Nachrichtenmagazins ›Der Spiegel‹ und diverser SPD-Zeitungen. Heute ist hier u. a. die Wochenzeitung ›Die Zeit‹ untergebracht.

23 Vom Alten Fischmarkt zur Großen Reichenstraße

U-Bahn Rathaus, Meßberg

Kontorhäuser wie das Afrika-Haus dokumentieren die Blüte der Stadt während der Kaiserzeit.

Südlich des Domplatzes liegt der **Alte Fischmarkt**. In den kleinen Straßen um diesen Markt finden sich noch einige sehr sehenswerte *Bürger- und Kontorhäuser* aus dem 18. und 19. Jh. Eine der in Hamburg seltenen spätbarocken Fassaden zeigt das **Haus Schopenstehl** Nr. 32/33, ein um 1730 erbautes Bürgerhaus. Beim Nachbarhaus Nr. 31 aus dem Jahre 1885 ist vor allem die Rückseite, die zur Kleinen Reichenstraße führt, interessant; die großen Fenster im Obergeschoss weisen auf die Nutzung als Kontorhaus hin.

Die **Kleine** und **Große Reichenstraße** beschreiben den Verlauf des *Reichenstraßenfleets*, das 1880 zugeschüttet wurde. An diesem Fleet lag bis zum 12. Jh. der erste Hafen der Stadt. Sein Name geht auf die besonders begüterten Bürger zurück, die sich hier angesiedelt hatten. In der Kleinen Reichenstraße weist das 1839 erbaute Haus Nr. 7 noch eine *spätklassizistische Fassade* auf. Das Haus Hopfensack Nr. 26 hat einen *Speichergiebel* aus dem 18. Jh. In der Großen Reichenstraße ist vor allem das **Afrika-Haus** (Nr. 27) einen Blick wert. Es wurde 1899 von Martin Haller für die Reederei Woermann errichtet. Die *Fassade* ist mit den Farben der Reederei und Afrika-Motiven geschmückt, Walter Sintenis schuf die afrikanische Kriegerfigur. Über dem Eingang hängt ein Tropenbild, im Hof stehen zwei bronzene Elefanten. Schmuck und Name des Hauses haben einen Grund: Der Reeder Adolf Woermann galt als eine der mächtigsten Personen des Kaiserreiches, der Handel mit Afrika hatte ihn zu einem vermögenden und einflussreichen Mann gemacht.

Schöne Kontorhäuser findet man auch auf der westlich des Domplatzes gelegenen **Schauenburger Straße**. Die Gebäude Nr. 15 (1906) und Nr. 21 (1911) wurden von Leon Frejtag und Erich Ellingius erbaut. Ihre vertikal streng gegliederten Fassaden zeigen sich in grün und rot changierender *›Grès flammée‹-Keramik*, die um 1905 vom Architekten Hermann Wurzbach in Hamburg eingeführt wurde. *Reliefs* und *Ornamente* deuten auf Handel und Seefahrt hin. Im Gegensatz zur Schlichtheit der Häuserfassaden von Nr. 15 und Nr. 21 steht die im wilhelminisch-pompösen Stil gestaltete Front des **Bülowhauses**, Nr. 34, das Richard Jacobsen 1906/07 erbaute.

24 Trostbrücke

U-Bahn Rathaus, Rödingsmarkt

Das mittelalterliche Zentrum Hamburgs.

Die Große Reichenstraße führt in den Neß und damit ins mittelalterliche Zentrum der Hansestadt. Hier an der Trostbrücke befanden sich Rathaus, Börse, Waage und ab 1619 auch die Hamburger Bank. Am davorliegenden **Nicolaifleet**, das den Rest des einstigen Verlaufs der Alster darstellt, lag der Hafen. Der Große Brand von 1842, der ganz in der Nähe der Deichstraße ausbrach, zerstörte jedoch dieses Zentrum. Heute stehen hier moderne Gebäude neben Kontorhäusern aus der Zeit um die Jahrhundertwende. Am einstigen mittelalterlichen Hafen legen kleine Jachten an.

Bereits 1060 hatten an der Schleife des Nicolaifleets die Sachsenherzöge die **Neue Burg** gegründet, die den weltlichen Gegenpol zur Hammaburg der Bischöfe bildete. Um diese Burg entwickelte sich ab 1180 eine eigene Siedlung, die Neustadt. Am 7. Mai 1189 stellte ihr Kaiser Friedrich Barbarossa die Zollfreiheit für Handel und Schifffahrt auf der Niederelbe aus. Dieser Tag ist es, der heute mit dem *Hafengeburtstag* gefeiert wird. 1216, während der Dänenherrschaft, wurden Altstadt und Neustadt vereinigt und erhielten ein gemeinsames Stadtrecht. Dort, wo heute die Patriotische Gesellschaft steht, errichtete man 1290 ein Rathaus, auf dem Gelände der Bank gründeten 1558 die Kaufleute eine Börse. Ganz in der Nähe hatten sie ihre Wohnhäuser. Rund um den Neß entstand das **Handels- und Kaufmannzentrum** der Stadt.

Der Hafen an der Trostbrücke verlor jedoch bereits im 13. Jh. wieder seine Bedeutung. Die Segelschiffe waren zu groß und konnten die niedrigen Brücken nicht mehr passieren. Der Hafen wurde an die Mündung des Nicolaifleets, zum Kajen, verlegt.

Die **Trostbrücke**, 1226 erstmals genannt, stellte damals die Verbindung von gräflicher Neustadt und bischöflicher Altstadt dar – symbolisiert durch die *Statuen* des ersten Erzbischofs Ansgar und des Sachsenherzogs Graf Adolf III. von Schauenburg, dem Begründer der Neu-

Die wilhelminische Ära an der Fassade verewigt: Die Figuren an der Front des Laeiszhofes spiegeln das Traditionsbewusstsein des Bauherrn

Verbindung zwischen gräflicher Altstadt und bischöflicher Neustadt: Die Trostbrücke, dahinter die Patriotische Gesellschaft

stadt. Die Figuren wurden 1881/82 von Engelbert Pfeiffer geschaffen, die Brücke von Franz Andreas Meyer. Ihren Namen erhielt die Brücke, weil sie die letzte Station der zum Tode Verurteilten auf dem Weg zum Galgen war.

Auf der Neustadtseite des Nicolaifleets stehen zwei beeindruckende Kontorhäuser aus Backstein: der **Globushof** an der Trostbrücke Nr. 2 und der **Laeiszhof** an der Trostbrücke Nr. 1. Den Globushof mit *Schiffsmodellen* und einem *Neptun* auf dem Giebel erbaute 1907/08 das Architekturbüro Lundt & Kallmorgen. Den Laeiszhof errichtete 1897/98 Martin Haller für die Reederei Laeisz. Firmengründer Ferdinand Laeisz war Mitte des 19. Jh. einer der führenden Im- und Export-Unternehmer in Hamburg. Er gründete 1847 zusammen mit anderen Reedereien die Reederei HAPAG. Sein Sohn Carl machte sich einen Namen mit den ›Flying P Liner‹, den Großsegelschiffen ›Pamir‹ und ›Passat‹. Das Gebäude, am ehemaligen Hafen gelegen, spiegelt das Traditionsbewusstsein seines Bauherrn. Die *Statuen* an der Fassade, die Wilhelm I., Bismarck sowie die Generäle Roon und Moltke darstellen, verweisen auf die Zeit der Reichsgründung. Originell: Auf dem Dach des Hauses steht eine *Pudelplastik*, die an den Spitznamen der Ehefrau des Reeders Carl Laeisz erinnert.

25 Patriotische Gesellschaft

Trostbrücke 4–6
U-Bahn Rathaus, Rödingsmarkt

Eine traditionsreiche Hamburger Institution.

An der Stelle des Rathauses, das während des Stadtbrandes von 1842 gesprengt werden musste, errichtete man 1845–47 das Haus der Patriotischen Gesellschaft. Theodor Bülau entwarf es im Stil der *Neugotik*. Das Backsteinhaus wurde 1923/24 aufgestockt und nach den schweren Zerstörungen im Zweiten Weltkrieg vereinfacht wieder hergestellt. Von 1859 bis 1897 diente es der Hamburger Bürgerschaft als Tagungsstätte. Die Bauinschrift des alten Rathauses

Das postmoderne Bürogebäude Neuer Dovenhof zwischen Brandstwiete und Ost-West-Straße

(1600) und eine des Neubaus (1847) sind am Gang zum Kellerlokal ›**Fleetenkieker**‹ erhalten geblieben. Das Motto der Patriotischen Gesellschaft lautet »Emolumento Publico«. Der offene Bienenkorb über dem Eingang symbolisiert diese Losung: »Viele tragen Honig hinein – zum Wohle aller.«

Die Patriotische Gesellschaft ist eine **Hamburger Institution**. Der Bürgerclub wurde 1765 als ›Hamburgische Gesellschaft zur Beförderung der Künste und nützlichen Gewerbe‹ gegründet, die im Geiste der Aufklärung humanitäre Ziele verfolgte. Dieser Institution, die heute noch wirkt, muss man die Gründung der ersten Sparkasse (1778) verdanken. Ebenso die Gründung der ersten deutschen Lebensversicherung, die Einrichtung der Museen für Hamburgische Geschichte sowie für Kunst und Gewerbe; außerdem rief die Gesellschaft öffentliche Bücherhallen ins Leben und führte Briefkästen ein.

26 St. Nikolai-Kirchturm

Ost-West-Straße
U-Bahn Rödingsmarkt

Ein Mahnmal gegen den Krieg.

Der 147 m hohe rußgeschwärzte Kirchturm der einstigen Hauptkirche St. Nikolai (dritthöchster Kirchturm in Deutschland) widerstand dem Bombenhagel von 1943 und 1944, das Kirchenschiff wurde jedoch völlig zerstört. Bereits 1195 stand auf dem Gebiet der Nikolaikirche eine Kapelle. Eine Backsteinkirche folgte ihr, brannte 1842 jedoch nieder, als Hamburg in Flammen stand. Zwischen 1846 und 1863 errichtete man nach Plänen des Engländers George Gilbert Scott eine Basilika im neugotischen Stil.

Der Turm von St. Nikolai fungiert heute als Gedenkstätte für die Opfer von Krieg und Verfolgung zwischen 1933 und 1945. Eine Schwarzweiß-Fassung des *Kreuzigungsmosaiks* ›Ecce homines‹ von Oskar Kokoschka ist seit 1978 im Turmgeschoss angebracht. 1993 wurden 51 neue *Bronzeglocken* aus der Königlich Niederländischen Glockengießerei Asten aufgehängt. Über die Geschichte der Kirche informiert neben dem Turm ein *Dokumentations- und Ausstellungszentrum*.

Auf dem **Hopfenmarkt**, einer kleinen Grünanlage vor der Kirche, wurde im 14. Jh. mit Hopfen gehandelt. Im 19. Jh. wurde der Platz als Fisch- und Gemüsegroßmarkt genutzt. Daran erinnert ein *Brunnen* mit der Figur einer Bäuerin aus Vierlande (Engelbert Pfeiffer). Auf dem Hopfenmarkt steht zudem ein *Monument aus Steinblöcken*, der ›Tempel‹, den der Bildhauer Ulrich Rückriem anfertigte.

Öffnungszeiten S. 129

Zwischen Speicherstadt und Fischmarkt: Hamburgs Tor zur Welt

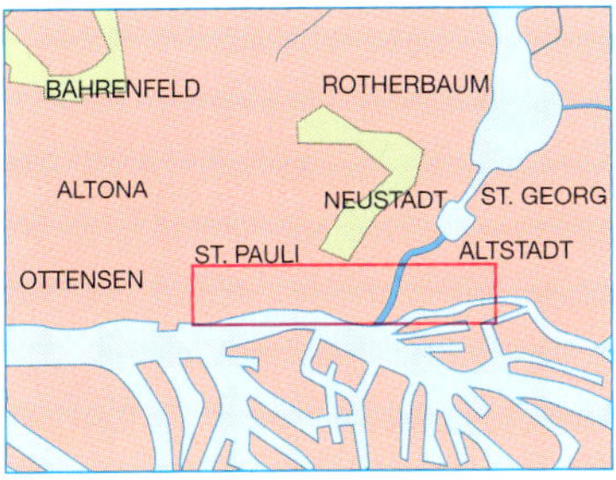

Hamburgs Tor zur Welt – das ist der Uferstreifen zwischen der Speicherstadt im Westen und dem Fischmarkt im Osten, die Hafenkante. Vom gegenüberliegenden modernen **Südhafen** grüßen scheinbar himmelhohe Kräne, Container-Berge und Ozean-Riesen. Aber hier an der Hafenkante spürt man noch die alte Hafen- und Seefahrer-Atmosphäre. Nahe der **Speicherstadt** duftet es nach Gewürzen aller Art. Das Museumsschiff ›Rickmer Rickmers‹ zeugt von der Zeit, als Lastschiffe noch auf die Windkraft angewiesen waren. An den **Landungsbrücken** starteten um die Jahrhundertwende Millionen Menschen auf Dampfschiffen in eine ungewisse Zukunft nach Übersee. Heute legen hier die Barkassen zur *Hafenrundfahrt* ab. Westlich der Landungsbrücken liegt der **Altonaer Fischmarkt.** Neben Fisch werden hier jeden Sonntagmorgen Grünpflanzen, Obst und Trödel lautstark angepriesen. Die Hafenkante hat aber auch **moderne Architektur** aufzuweisen, so das Verlagshaus Gruner + Jahr und das ›Hanseatic Trade Center‹. Empfehlenswert ist auch ein Abstecher in die nahen Straßen der **Altstadt**, wo man bis heute das typische Hamburg des 17. bis 19. Jh. mit seinen Speicherhäusern erleben kann.

TOP TIPP 27 Speicherstadt

Auf der Kehrwieder- und Wandrahminsel, südlich des Zollkanals
U-Bahn Meßberg

Der Duft des Welthandels…

Die Speicherstadt ist eine der eindrucksvollsten **Denkmal-Landschaften** Hamburgs. In dem von *Fleeten* durchzogenen Gebiet lagern Gewürze, Teppiche, Kaffee und moderne Geräte. Eine besonders schöne Sicht auf die Speicherstadt hat man bei einer Hafenrundfahrt mit Barkassen. Die Speicherstadt entstand Ende des 19. Jh. auf der Brookinsel südlich des Zollkanals. Damals war sie der größte zusammenhängende **Lagerhauskomplex** der Welt. Anlass für den Bau war der Anschluss Hamburgs an das Zollinland des Deutschen Reiches 1888. Nur der **Freihafen** war jetzt noch zollfreie Zone, die Kaufmannsspeicher, die sich in der Stadt befanden, jedoch nicht. Die geschäftstüchtigen Hanseaten überlegten nicht lange. Die Wohnquartiere auf der im Freihafen gelegenen *Kehrwieder- und Wandrahminsel* wurden kurzerhand ab-

Hier lagert die Ware der ›Pfeffersäcke‹ zollfrei

Ende des 19. Jh. entstand die backsteinrote Hamburger Speicherstadt auf der Kehrwieder- und Wandrahminsel

gerissen, 23 000 Hafenarbeiter mussten in entfernte Stadtteile umsiedeln. Alfred Lichtwark, der damalige Direktor der Kunsthalle nannte seine Heimatstadt ›die Freie und Abrissstadt Hamburg‹. Doch die Kaufleute bekamen, was sie wollten: In der Speicherstadt konnten und können sie ihre Waren zollfrei lagern.

Die **Speicherstadt**, errichtet 1884–88 vom Hamburger Oberbauingenieur *Franz Andreas Meyer*, besteht aus 17 sieben- bis achtstöckigen *Lagerhäusern* mit einer Gesamtfläche von rund 330 000 m². Noch immer bieten die dicken, frostsicheren Wände wegen minimaler Temperaturschwankungen ideale Speicherbedingungen. Die Häuser bestechen vor allem im Ensemble. Einheitlich sind sie im Stil der *Backsteingotik* gestaltet – ihr romantisches Aussehen verdanken sie den Giebeln, Erkern und Zinnen. Heute beherbergen die Lagergebäude eine Fülle von außergewöhnlichen Museen und Ausstellungen. An der sog. **Museumsmeile Speicherstadt** liegen u. a. das *Deutsche Zollmuseum*, das *Speicherstadtmuseum*, *Spicy's Gewürzmuseum*, das *Afghanische Kunst- und Kulturmuseum*, die Erlebnisausstellung *Dialog im Dunkeln*, der historische Grusel-Themenpark *Hamburg Dungeon* sowie darüber das *Modelleisenbahn Wunderland*.

Im Infocenter, das über den Bau der **Hafencity** informiert, wird anschaulich dargestellt, wie die Erweiterung der Hamburger Innenstadt einmal aussehen wird. Bis zum Jahre 2025 sollen auf dem ehemaligen Hafengebiet südlich der Speicherstadt auf 155 ha Wohnungen für 12 000 Menschen sowie Dienstleistungs- und Einzelhandelsflächen enstehen. Das erste Gebäude der neuen Stadt wurde im November 2002 übergeben. Als Hafen taugen die ehemaligen Kaianlagen von Sandtor-, Grasbrook- und Baakenhafen nämlich nicht mehr, da sie für die modernen Riesen-Containerschiffe nicht tief und breit genug sind. Vor Jahrhunderten,

lange bevor dieses Areal zum Hafengebiet ausgebaut wurde, diente es übrigens als Viehweide und als Richtstätte. Genau davon erzählt das **Hamburg Dungeon**, zu deutsch Kerker. Hier stellen Schauspieler mittelalterliche Foltermethoden nach, aber auch den Alltag in einem Pestkrankenhaus, das Große Feuer von Hamburg und die Hinrichtung des Piraten *Klaus Störtebeker*. An den berühmten Seeräuber erinnert am Brooktor bei der Speicherstadt auch eine 1982 von *Hansjörg Wagner* entworfene Bronzestatue.

Öffnungszeiten: Museen der Museumsmeile Speicherstadt ***S. 128/129***

28 St. Katharinen

Katharinenkirchhof, U-Bahn Meßberg

Der Sage nach hat der Reichtum eines Seeräubers zum Bau der Kirche beigetragen.

Die Hauptkirche St. Katharinen wurde erstmals 1256 urkundlich erwähnt. Aus dem 13. Jh. stammt noch der **Turm**. Seinen barocken Aufbau schuf 1656/57 der Zimmermeister Peter Marquardt. Der Sage nach ist die vergoldete Krone aus Klaus Störtebekers Gold gefertigt worden. Die Kirche in Form einer lang gestreckten **Basilika** ohne Querschiff überstand den Großen Brand von 1842. Die Bomben des Zweiten Weltkrieges zerstörten den Bau jedoch bis auf die Grundmauern und vernichteten die wertvolle Innenausstattung. Der *Wiederaufbau* wurde 1956 vollendet. Gottfried von Stockhausen gestaltete die *farbigen Glasfenster* (1955–57).

29 Reimerstwiete und Cremon

U-Bahn Baumwall

In der Reimerstwiete und im Cremon findet man noch heute Reste der hanseatischen Architektur des 17. bis 19. Jh.

Die Reimerstwiete liegt auf der Marschinsel Cremon. *Einwanderer* aus Friesland und Holland deichten die Insel zwischen dem westlichen Nicolaifleet und dem zugeschütteten Steckelhörnfleet im 12. Jh. ein und bebauten rund 30 Grundstücke mit Fachwerkspeichern und Wohnhäusern. In der engen **Reimerstwiete** sind noch fünf Wohn- und Speicherhäuser, Nr. 17–21, aus den Jahren 1761 bis 1824 erhalten. Sie sind die letzten Zeugnisse der *Fachwerkbauweise*, die Hamburg bis ins 19. Jh. hinein prägte.

Die Straße **Cremon** wurde erstmals 1251 urkundlich benannt. Auf der Fleetseite der Straße steht ein Ensemble von *Speicherhäusern* aus dem 18. und 19. Jh. (Nr. 33–36). Sie repräsentieren einen Teil der Speicherhaus-Geschichte außerhalb des Freihafengeländes. In den Häusern 33 und 36 bieten urige *Restaurants* Speis und Trank. Neben den Speicherbauten stehen moderne Kontorhäuser aus der Zeit um die Wende zum 20. Jh. (Nr. 11 und 37–38).

Südlich der Straße Cremon, an der Einmündung des Nicolaifleets in den Binnenhafen, erhebt sich der **Neue Krahn**. Schon seit 1352 ist an dieser Stelle ein Kran bezeugt. Der heutige eiserne Schwerlastkran ersetzte 1858 den bisherigen Holzkran. Dank der ausgeklügelten Konstruktion konnte man die Ware per Handkurbel gleichzeitig heben und wiegen. 1896 wurde der Kran auf elektrischen Betrieb umgestellt.

Mit dem Boot am besten unterwegs: Wo einst ein mittelalterlicher Hafen war, legen nun kleine Segelyachten an ▷

TOP TIPP 30 Deichstraße

U-Bahn Baumwall

Ein architektonisches Juwel althamburgischer Bauweise.

Westlich des **Nicolaifleets** verläuft die Deichstraße, in der das einzige Ensemble **althamburgischer Kaufmannsbauweise** aus dem 17. bis 19. Jh. erhalten geblieben ist. Ursprünglich wurde in der erstmals 1304 erwähnten Deichstraße nur die Landseite mit Binnendeichhäusern bebaut. Seit dem 15. Jh., als sich die Brauer hier niederließen, errichtete man am Fleet auch Gebäude am Außendeich.

Das alte Hamburg neu entdeckt: In den historischen Kaufmannshäusern sind heute urige Lokale zu finden

Das **Haus Nr. 19** wurde gleich nach dem Großen Brand von 1842 für einen Vertreter der Bürgerschaft von Georg Luis errichtet. Die schöne *Fassade* hat der Architekt im Stil des romantischen Historismus gestaltet. Auch die **Häuser Nr. 21–23** haben – wenngleich schlichtere – romantisch-historistische Fronten. Vom **Haus Nr. 25** griff beim Stadtbrand das Feuer auf die Ostseite der Deichstraße über.

Haus Nr. 27 mit den massiven Backsteinfassaden ist der *älteste Speicher Hamburgs*. Es wurde um 1780 errichtet und diente den Gemüsehändlern aus dem niedersächsischen Bardowick als Lagerhaus.

Haus Nr. 37 wurde 1686 für den Kaufmann Jakob Lange gebaut. Bei der Renovierung 1980 wurden die *Prunktreppe*, die bemalte Balkendecke sowie die Galerie erneuert. In dem Gebäude gibt es ein Restaurant mit Mobiliar aus dem 17. bis 19. Jh. Man kann das Lokal für geschlossene Gesellschaften mieten.

Im **Haus Nr. 42** brach am Morgen des 5. Mai 1842 der so genannte **Große Brand** aus. Die Flammen vernichteten ein Drittel der Stadt, Feuerwehrleute aus Hamburg und ganz Schleswig-Holstein brauchten drei Tage, um die Brände zu löschen. An der Binnenalster konnte das Feuer dann eingedämmt werden – deshalb heißt eine Straße dort ›Brandsende‹. 20000 Menschen waren infolge des Stadtbrandes obdachlos geworden, 51 in den Flammen gestorben, und 1100 Wohnhäuser, 102 Speicher sowie sieben Kirchen wurden zerstört. Der Dichter *Friedrich Hebbel* (1813–1863), der das verheerende Feuer miterlebte, schrieb: »Die ungeheuersten Bilder der Vergangenheit standen vor meinen Augen, ich sah Karthago mit dem zerschmelzenden Moloch ...«.

Eine alte **Hamburger Kastenschute** im Nicolaifleet (Zugang Deichstraße) informiert über die Arbeit der Ewerführer (Führer einer Schute).

Öffnungszeiten S. 128

31 Sloman-Haus

Baumwall 3
U-Bahn Baumwall

Kontorhaus der ältesten Reederei Hamburgs.

Geht man die Deichstraße über Kajen zurück zur Hafenkante, erhebt sich am Baumwall das massige Sloman-Haus. Die Reederei Sloman wurde vom englischen Kapitän William Sloman und seinen Söhnen William Palgrave und Robert Miles Sloman im Jahre 1793 gegründet. Am 29. Mai 1850 lief mit der ›Helena Sloman‹ der erste hamburgische Dampfer zur Fahrt nach Übersee aus. Mit 21 Schiffen war das Unternehmen 1859 die **größte Reederei** der Hansestadt. Noch heute wird Sloman von den Nachfahren geführt. Das **Kontorhaus** für die Reederei Sloman wurde 1908–09 nach Entwürfen von Martin Haller und Hermann Geißler errichtet. Die barock gestalteten *Portale* des Backsteinbaus schmücken *Bronzereliefs* mit Schiffsmotiven. 1921/22 wurde das Sloman-Haus durch einen *Anbau* (Steinhöft 11) vergrößert

Rundfahrt der anderen Art

Die regulären **Hafenrundfahrten** *starten von den Ablegern St.-Pauli-Landungsbrücken, Deichstraße/Binnenhafen und Vorsetzen, und zwar von April bis Oktober, alle 30 Minuten, November bis März stündlich. Es gibt jedoch noch eine andere Möglichkeit, durch den Hafen zu schippern. Von den* **Landungsbrücken**, *von* **Blankenese** *oder* **Wedel-Schulau** *legen die Elbfähren im Sommer ins Alte Land südlich der Elbe ab. Eine solche Tour kombiniert die tolle Aussicht auf das Hafengeschehen mit einem reizvollen Aufenthalt in Hamburgs ›***Obstgarten***‹ und schont das Urlaubsbudget. Denn auf den meisten Fähren gilt das Großraum-Ticket des Hamburger Verkehrsverbunds (HVV) bzw. die Hamburg Card. Mit demselben Ticket kann man auch eine Stadtrundfahrt – wenngleich ohne Führung – machen: Die U-Bahn-Linie U3 führt oberirdisch an den schönsten Ecken Hamburgs vorbei.*

TOP TIPP 32 Verlagshaus Gruner+Jahr

Zwischen Stubbenhuk und
Neustädter Weg
U-Bahn Baumwall

Wie ein Dampfer auf Stelzen liegt der spektakuläre Verlagsnbau am Baumwall. Die ›Medienstadt‹ besteht weitgehend aus Glas.

Der Verlag Gruner + Jahr machte es den großen Reedereien nach und zog – von Harvestehude – an den Hafenrand. Der Neubau enstand 1987–90 nach den Entwürfen der Münchner Architekten *Otto Steidle, Uwe Kiessler und Partner*. Das Gebäude formiert sich aus vier zur Elbe gerichteten **Hauptschiffen** und drei kleineren Schiffen im Nordteil. Die Verbindung beider Teile stellt der ›Toboggan‹ dar, ein 40 m hoher **Eingangsturm**. Zu 55 Prozent besteht das Pressehaus aus Glas, die übrigen Fassadenflächen sind mit silber schimmerndem Titanzink verkleidet. Bullaugen, Relings, Sonnensegel und Oberdecks verstärken den Eindruck des riesigen Schiffes. Im Inneren wurde die Medienstadt in Innenhöfe, Galerien und ›Schlenderzonen‹ eingeteilt.

◁ *Herzstück des Hamburger Hafens sind die Landungsbrücken*

TOP TIPP 33 Landungsbrücken

U-Bahn und S-Bahn Landungsbrücken

Die Landungsbrücken sind das Herzstück des alten Hamburger Hafens. Sie heißen eigentlich St.-Pauli-Landungsbrücken, weil sie im gleichnamigen Stadtteil stehen. Von hier starten Hafenrundfahrten in Barkassen und HADAG- oder Fahrgastschiffen.

Den Beinamen ›Tor zur Welt‹ verdankt Hamburg auch den Landungsbrücken. Mit der Sloman-Reederei oder der HAPAG-Linie verließen hier Millionen Menschen ihre europäische Heimat. Nicht alle kamen in Übersee an. Die Fahrt war leidvoll, Passagiere wurden unter unhygienischen Bedingungen massenweise in die Zwischendecks gestopft. Im Lauf des 19. Jh. verbesserten sich die Verhältnisse jedoch spürbar.

Ein Schiff der anderen Art. Am Baumwall liegt die spektakuläre ›Medienstadt‹ des Gruner + Jahr-Verlages

Die Landungsbrücken wurden 1839 als **Anlegeplatz** für die großen Dampfer errichtet. 1953–55 gestaltete man die 688 m lange Pontonanlage neu. Hier starten die **Hafenrundfahrten** an 364 Tagen im Jahr (außer Heiligabend). Im Mittelpunkt der Landungsbrücken steht das 200 Meter lange **Empfangsgebäude**, das 1907–09 nach Entwürfen der Baudeputation für den Nordsee- und Bäderverkehr gebaut wurde. Zwei *Ecktürme* und zwei *Kuppeln* krönen das mächtige Gebäude aus Tuffstein. Wenn der Wasserstandsanzeiger am östlichen Turm 40 Dezimeter über Null zeigt, stehen weite Teile des Hafens wieder einmal unter Wasser.

Lange Jahre legten von den Landungsbrücken die Fährschiffe nach Großbritannien ab. Seit 1991 wird der Fährverkehr mit England ca. 1 km westlich der Landungsbrücken am Edgar-Engelhard-Kai abgefertigt. Wie ein *Ozeanriese* auf dem Trockenen erhebt sich dort der 17,5 Mio. € teure **England-Fährterminal** aus Glas, Beton und Stahl. Jährlich laufen rund 30 *Luxusliner* in Hamburg ein. Je nachdem, ob sie Station machen oder Ausrüstung an Bord nehmen, legen sie an der *Überseebrücke* oder im *Kuhwerder Hafen* an.

34 Rickmer Rickmers und Cap San Diego

Landungsbrücken
U/S-Bahn Landungsbrücken,
U-Bahn Baumwall

Zwei Museumsschiffe, die an stürmische Zeiten erinnern.

Vorbei an zahllosen Souvenirgeschäften und Imbissbuden gelangt man zum ›*Fiete-Schmidt*‹-*Anleger* an Brücke 1a. Hier liegt die Dreimastbark ›**Rickmer Rickmers**‹. Das heutige Museumsschiff wurde 1896 gebaut und ist einer der letzten Großsegler. An der Überseebrücke hat das 1962 erbaute Museumsschiff ›**Cap San Diego**‹ festgemacht, der einzig erhaltene *Stückgutfrachter* aus den Tagen vor dem Containerzeitalter.

Im unweit östlich gelegenen City Sporthafen am Vorsetzen wiederum liegt das **Feuerschiff**, ein nach alter Tradition in Nietenbauweise errichtetes Schiff mit viel maritimem Equipment, das heute ein Restaurant mit Bar beherbergt.

Öffnungszeiten Museumsschiffe ***S. 129***

Jenseits von Afrika

Harry's Hafenbasar *ist ein echtes Hamburger Unikum, das man auf keinen Fall auslassen sollte. Der Laden befindet sich in der Balduinstraße 18, einer Seitenstraße der St.-Pauli-Hafenstraße. Ursprünglich verkaufte hier Besitzer Harry Raritäten, die ihm Seeleute mitbrachten – darunter sogar Schrumpfköpfe und ausgestopfte Reptilien. Diese Zeiten sind natürlich vorbei, aber auch heute noch kann man in dem vollgestopften Laden Kuriositäten aus aller Welt gegen ein geringes Entgelt besichtigen oder kaufen.*

35 Alter Elbtunnel

Eingang neben den Landungsbrücken
U-Bahn Landungsbrücken

In den Alten Elbtunnel werden Fußgänger und Autos per Fahrstuhl hinabgelassen.

An der Westseite der Landungsbrücken versteckt sich in einem **Kuppelbau** der Eingang zum Alten Elbtunnel. 1907–11 wurde der Tunnel konstruiert, um den

Die stürmischen Zeiten sind vorbei: Am Fiete-Schmidt-Anleger kann man die Dreimastbark Rickmer Rickmers besichtigen

◁ **Oben:** *Fangfrisch – Von ihren Ewern aus verkaufen die Gemüse- und Obsthändler* **Mitte:** *Am besten geräuchert – Aal vom Fischmarkt.* **Unten:** *Harry's Hafenbasar*

Treffpunkt für hungrige Frühaufsteher – auf dem Fischmarkt kann man sonntags ab 5 Uhr Meeresgetier und Marktschreier bewundern

Fährverkehr über die Elbe zwischen St. Pauli und Steinwerder zu entlasten. Die Autos werden einzeln in Fahrstühlen in den relativ schmalen, schön gekachelten Tunnel hinabgelassen. Zu Fuß führen Schwindel erregende Treppen in die 448,50 m langen **Röhren** (23,50 m unter dem Straßenniveau) hinab.

Gegenüber den Landungsbrücken thront das **Hotel ›Hafen Hamburg‹** mit seinem pyramidengekrönten Turm, der 1987 von *Kleffel*, *Köhnhodt* und *Jacobsgaard* entworfen wurde. Die *›Tower Bar‹* im obersten Stockwerk des Turmes bietet – möglichst bei Sonnenuntergang – einen grandiosen Blick über den Hafen. Ursprünglich war in dem 1853–63 errichteten Gebäude ein Krankenhaus für Seeleute untergebracht.

36 Bismarckdenkmal

Alter Elbpark
U-Bahn Landungsbrücken

Das größte Denkmal der Stadt. Zu Füßen des alten Reichskanzlers liegen die berühmt-berüchtigten Hafenstraßenhäuser.

Inmitten des alten Elbparks, nördlich der Landungsbrücken, wacht Reichskanzler Otto von Bismarck über den Hamburger Hafen. Das größte **Denkmal** der Stadt schufen von 1901–06 der Architekt Emil Schaudt und der Bildhauer Emil Lederer aus zusammengesetzten Granitquadern. Die auf einer ehemaligen Bastion der Stadtbefestigung stehende, als Rolandsfigur stilisierte Gestalt Bismarcks ist 14,8 m hoch. Die Kolossalstatue versinnbildlicht den Schutz des Deutschen Reiches für den Welthandel der Hansestadt.

Auf der gegenüberliegenden Straßenseite der Landungsbrücken Richtung Fischmarkt stehen die seit 1981 von z.T. radikalen Vertretern der ›autonomen Szene‹ besetzten **Hafenstraßenhäuser**, Nr. 116–126, weithin erkennbar an ihren Graffiti-Bemalungen. Aus Protest gegen die Wohnungspolitik des Hamburger Senats errichteten die Hafenstraßenbewohner Mitte der 80er-Jahre des 20. Jh. *Barrikaden*. Der damalige Erste Bürgermeister Klaus von Dohnanyi vermittelte 1987 durch einen Pachtvertrag. Inzwischen ist Ruhe eingekehrt. Die Häuser sind im Besitz einer Genossenschaft, die die Gebäude saniert. Geht man zwischen Landungsbrücken und Hafenstraße die Davidstraße hoch, so hat man einen beeindruckenden Ausblick über den Hafen.

TOP TIPP 37 Fischmarkt

Fischmarkt
S-Bahn Reeperbahn, Königstraße

Auf dem Fischmarkt treten am frühen Sonntagmorgen Hamburgs bekannte Marktschreier auf.

Auf dem 1730 eingerichteten Altonaer Fischmarkt wurde ursprünglich nur Fisch – vorwiegend Hering – verkauft. Heute ist hier für *Frühaufsteher* (sonntags 5–10 Uhr, im Winter ab 7 Uhr) fast alles zu haben. Lebensmittel, Pflanzen, Antiquitäten und Kitsch. Auf dem Fischmarkt tummeln sich Touristen, nächtliche Szenegänger auf dem Weg nach Haus, Hausfrauen und Wirte, die für eine frische Brunchtafel einkaufen. Wer erst spät kommt, kann aber ›Schnäppchen‹ machen. Da kann es sein, dass die Marktschreier auch ein ganzes Bündel Bananen »für 'n Euro« feilbieten. Überhaupt: Die **Marktschreier** auf dem Fischmarkt, die so genannten Rappohändler, sollte man sich unbedingt näher ansehen. Sie sind meist wahre Originale. Wenn ›Aal-Trude‹ zur Hochform aufläuft, erlebt man Fischmarkt-Feeling pur. Da werden die wohlschmeckenden Fische im Eifer des Gefechts schon mal – zumindest verbal – auf Walformat gebracht. Spaßig ist es immer, wenn die Marktschreier loslegen – auch wenn die Späße zuweilen derb und anzüglich werden. Eine Attraktion, die man nicht verpassen sollte.

Mitten auf dem Fischmarkt behauptet sich die würdige **Altonaer Fischauktionshalle**. Altona, erst 1937 in Hamburg eingemeindet, war Ende des

Die Altonaer Fischauktionshalle – hier kann man heute eine flotte Sohle aufs Parkett legen

19. Jh. Hauptanlegeplatz der deutschen Fischereiflotte. Das schöne *Eisenskelett-Gebäude*, verkleidet mit Backstein, wurde 1895–96 errichtet und 1982–84 von Günter Talkenberg umfangreich restauriert. Die Fischauktionshalle wird für Veranstaltungen genutzt.

Auf der Höhe des Restaurants Fischerhaus (Nr. 14) befand sich die *ehemalige Fischauktionshalle*, die 1971 abgerissen wurde. Die ›Fünfziger-Jahre-Bahnhofshallen-Atmosphäre‹ im Fischerhaus hat einen eigenen Charme, aber die Fischgerichte sind vorzüglich, preiswert und mehr als reichhaltig. Wer es vornehmer mag, sollte sich das *Fischereihafen-Restaurant* westlich des Altonaer Fischmarktes aussuchen (Große Elbstraße 143). Hier speist man exzellent – und teuer – mit Blick auf den Hafen (und den Straßenstrich).

Das Gesicht der Hafenkante hat sich übrigens immer mal wieder verändert. Das lag jedoch nicht nur an der Hamburger Baupolitik. **Sturmfluten** zerstörten Gebäude und Anlagen. Die *Sturmflut im Februar 1962* forderte mehr als 300 Menschenleben; rund 20 000 verloren ihr Dach über dem Kopf. Der Wasserstand erreichte damals 5,73 m über Null; eine blaue Markierung gegenüber der ›Rickmer Rickmers‹ an den Landungsbrücken erinnert daran. Nach der Sturmflut wurden die Deiche erhöht, Schleusen und Sperrwerke geschaffen, und an der Hafenkante entstand die Flutschutzmauer, entlang der man heute promeniert.

Ein Fisch namens Wanda? Frühes Aufstehen lohnt sich, um auf dem Fischmarkt alle Sorten näher kennenzulernen

Die attraktive Neustadt: ein einstiges Armenviertel boomt

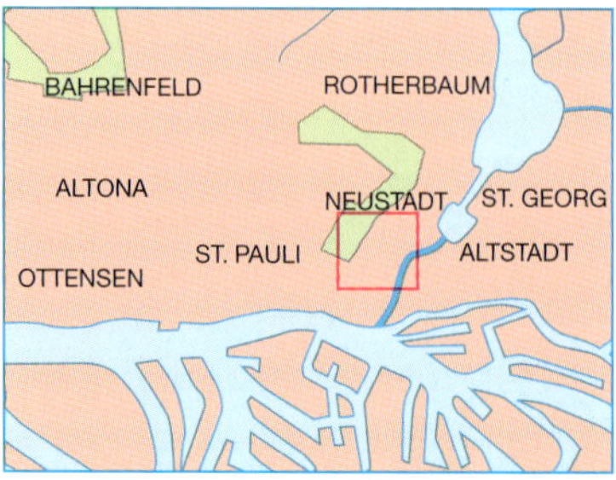

Obwohl nur 1000 m vom Rathaus entfernt, entwickelte sich die Neustadt zu einem fast kleinstädtisch anmutenden Wohngebiet. Zum Hamburger Stadtgebiet kam dieses Viertel, das vom Johannes-Brahms-Platz im Norden bis zum Hafen reicht, durch den **Bau der Bastion** 1615 bis 1626. Ihr Verlauf ist heute noch deutlich am Wallring zu erkennen. Der Festungsbaumeister Johann van Valckenburgh nahm damals große freistehende Flächen in den Festungsring auf, die dann peu à peu um die **Hauptkirche St. Michaelis** mit Wohnquartieren bebaut wurden. Die Neustadt war immer das Wohngebiet der **Arbeiter und Armen**. In den *Gängevierteln* – ein Labyrinth drangvoll enger, lichtloser Wohnquartiere – herrschten krasse soziale Missstände. Doch mit dem Ende des 19. Jh. begann man, die Viertel zu sanieren.

38 Bäckerbreitergang

U-Bahn Gänsemarkt

Erinnerung an das alte Hamburg.

Ein Beispiel für ein solches Gängeviertel steht im Bäckerbreitergang. Zwar ist die Enge der Gänge nur noch an der Breite des Straßenpflasters zu erkennen, die originalgetreu restaurierten **Fachwerkhäuschen** aus dem 18. und 19. Jh. (Nr. 49 bis Nr. 58) geben jedoch noch einen Eindruck vom Leben in diesen Vierteln: je eine Tür führt in die *Bude*, den Wohnraum im Erdgeschoss des Hauses. Die mittlere Tür führt über eine Treppe hinauf zum *Sahl*, dem Wohnraum im Obergeschoss. Oft wohnte eine ganze Familie in nur einem Wohnraum. Das **Haus Nr. 49/50** aus der Mitte des 17. Jh. ist das älteste erhaltene Wohnhaus in der Neustadt.

Im Bäckerbreitergang wohnten Arbeiterfamilien sehr beengt

39 Johannes-Brahms-Platz und Sievekingplatz

U-Bahn Messehallen

Repräsentative Bauten der Stadt.

Mit dem Wachsen Hamburgs zur modernen Großstadt erlangte das Gebiet entlang des *Wallrings* seine Bedeutung. Um die Wende zum 20. Jh. wurden hier einige Bauten platziert, u. a. die Musikhalle (Johannes-Brahms-Platz 20) und die Gebäude des Hamburger Justizforums am Sievekingplatz.

Für den Bau der **Musikhalle** (1904–08, Architekten: Martin Haller, Wilhelm Emil Meerwein) stellte die Reederfamilie Laeisz das Geld zur Verfügung. Im Obergeschoss des spätbarocken Gebäudes befindet sich ein *Brahms-Denkmal* von Max Klinger (1909).

Der nahe gelegene **Sievekingplatz** ist benannt nach dem Oberlandesgerichtspräsidenten Friedrich Sieveking, dem Spross einer der führenden Hamburger Kaufmannsfamilien. Hier befinden sich das im Renaissancestil erbaute **Strafjustizgebäude** (1879–82, Carl Johann Zimmermann und Fritz Schumacher), das **Ziviljustizgebäude** (1898–1903, Carl Johann Zimmermann, Fritz Schumacher) und im Zentrum des Platzes das **Hanseatische Oberlandesgericht**. Der mächtige Kuppelbau, der die höchsten Hamburger Gerichte beherbergt, wurde 1907 bis 1912 von Lundt & Kallmorgen errichtet. Den Sievekingplatz schmückt eine **Brunnenanlage** aus dem Jahr 1912 (Arthur Bock), deren Figurenschmuck Allegorien der Industrie und Seefahrt sowie der Hansestädte Hamburg, Lübeck und Bremen darstellt.

Jüngeren Datums ist das Haus des **Deutschnationalen Handlungsgehilfen-Verbandes** (DHV, Johannes-Brahms-Platz Nr. 1). Bis 1933 hatte dieser Verband hier seinen Sitz. Das Gebäude wurde 1921/22 von den Architekten Sckopp & Vortmann im Stil eines Hamburger Kontorhauses errichtet. Die Architekten setzten dann auch 1929–31 den turmartigen Vorbau an. Die mächtige *Backsteinfassade* stammt ebenfalls aus den Jahren 1929–31, sie wird geschmückt von einer Figurenreihe heroischer Jünglinge. Erstaunlich ist auch die *Figur des Elefantenreiters* in der Fassade. Möglicherweise stellt die reitende Gestalt einen Hinweis auf die Versuche des DHV dar, Auslandsdeutsche als Mitglieder zu gewinnen.

Westlich des Justizforums, zwischen Feldstraße und Karolinenstraße, liegt das **Karo-Viertel**, ein Szeneviertel mit kleinen Boutiquen und Lokalen.

TOP TIPP 40 Museum für Hamburgische Geschichte

Holstenwall 24
U-Bahn St. Pauli

Touristisches Muss für Hamburg-Besucher.

Ein unbedingtes ›Muss‹ im touristischen Besuchsprogramm ist das Museum für Hamburgische Geschichte: Die vielen historischen Exponate bieten einen her-

Helden am Haus: Das Gebäude des DHV wird von einer Figurenreihe heroischer Jünglinge geschmückt ▷

vorragenden Einstieg für eine geschichtliche Erkundung der Stadt. Das **Backsteingebäude** wurde nach den Plänen von Fritz Schumacher 1913 bis 1922 errichtet. Die Einrichtung des Museums geht zurück auf den ›Verein für Hamburgische Geschichte‹, der bereits seit 1839 hamburgische Altertümer sammelte.

Man sollte unbedingt einen Blick in die Abteilung *›Hamburg im Mittelalter‹* werfen, in der ein **Modell des Alsterhafens** um 1500 ausgestellt ist. Interessant ist auch die Abteilung ›Hafen und Schifffahrt‹, die mit den zahlreichen Schiffs- und Hafenmodellen die *Entwicklung der Schifffahrt* von 1650 bis heute dokumentiert. Darüber hinaus kann man sich die barocke Original-Diele eines Kaufmannshauses aus der Deichstraße sowie eine große Eisenbahnmodellanlage der Strecke Hamburger Hauptbahnhof/ Bahnhof Hamburg-Harburg (Extra-Eintrittspreis!) ansehen. Besonders sehenswert ist das **Historic Emigration Office** für Auswanderer, wie es im vergangenen Jahrhundert ausgesehen hat. Das Büro verfügt über die Passagierlisten der Auswandererschiffe aus der Zeit 1850–1934 und somit über die Namen von rund 6 Mio. Auswanderern.

Seit dem 1. Juni 1995 ist das ehemalige, aus dem 17. Jh. stammende Südportal der Petrikirche [s. S. 36] – bereits von Fritz Schumacher in den Innenhof des Museums eingefügt – wieder zu besichtigen. Seit dem Zweiten Weltkrieg war das stark zerstörte Portal geschlossen; ab 1993 wurde es renoviert. Das *Petriportal* führt in den mit Glas überwölbten **Innenhof** des Museums.

Wer von der Erlebniswelt Museum genug hat, der sollte unbedingt noch einen Besuch im **›Fées‹** machen. Jung und Alt treffen sich in diesem Kult-Kaffeehaus, das dem Museum angeschlossen ist.

Öffnungszeiten S. 129

41 Peterstraße und Neanderstraße

U-Bahn St. Pauli

Geschönte Traditionsinsel, die gelegentlich als Kulisse für Filmaufnahmen dient.

Mit seinen Alt-Hamburger Kaufmannshäusern stellt die **Peterstraße** eine so genannte ›Traditionsinsel‹ dar, die zwar nicht historisch getreu, dafür längst ein *touristischer Blickfang* ist. Der Hamburger Kaufmann und Mäzen Alfred C. Toepfer hatte die *Backstein- und Fachwerkhäuser* mit ihren prunkvollen barocken Fassaden zwischen 1967 und 1970 errichten lassen. Historisch authentisch sind diese Gebäude allerdings nicht – denn solche Häuser hatten in diesem einstigen Armeleuteviertel nie gestan-

Die Historie der Hansestadt ist im Museum für Hamburgische Geschichte eindrucksvoll dargestellt

Tradition als Rekonstruktion: Alle Kaufmannshäuser in der Peterstraße wurden erst zwischen 1967 und 1970 errichtet

den. Geschichtsträchtig präsentiert sich indes das ab 1751 erbaute **Beylingstift** (Nr. 35–39), ein Mehrfamilienhaus, in dem heute Altenwohnungen untergebracht sind. Im Obergeschoss dieses Stiftes sind die **Johannes-Brahms-Gedenkräume** des Komponisten (1833–1897) untergebracht, der in der Neustädter Speckstraße geboren worden war. In den Räumen sind *Originalpartituren* ausgestellt sowie zahlreiche Dokumente, die den Besuchern das Leben des Komponisten vor Augen führen.

Auch in der **Neanderstraße**, im vergangenen Jahrhundert das Handelszentrum der *jüdischen Bevölkerung*, stehen einige Häuser im historischen Stil. **Nr. 49–51** ist die allerdings nicht originalgetreue Nachbildung des *Paradieshofes* aus dem Alten Steinweg. Im *Lichtwarksaal* des Gebäudes finden Ausstellungen und Musikveranstaltungen statt.

Öffnungszeiten S. 129

42 Großneumarkt

S-Bahn Stadthausbrücke

Kleinstadtleben und Kneipenszene.

Das Zentrum der **nördlichen Neustadt** stellt der Großneumarkt dar, der schon im 17. Jh. Hauptplatz dieses Stadtviertels war. Ein kleinstädtisch anmutendes Viertel, in dem trotz der Zerstörungen im Zweiten Weltkrieg noch einige Gebäude und Straßenzüge erhalten blieben.

Sehenswert am Großneumarkt ist das Vorderhaus des **Hertz-Joseph-Levy-Stiftes** (1855) und ein ehemaliges Altenstift der jüdischen Gemeinde. Ebenfalls interessant: die **Pelikan-Apotheke** (Nr. 37) aus dem Jahr 1913, die ein spätbarockes *Sandsteinportal* hat, sowie das moderne **Wohn- und Bürohaus** (Nr. 50) der *Architekten Kleffel und Köhnhodt*. Sie gehören zu den führenden Architekten der Stadt, ihre Dachkonstruktionen, die so genannten ›Hamburger Flugdächer‹ und ›Doktorhüte‹, sind überall in der Stadt zu sehen. Ecke Großneumarkt/Thielbek steht ein **Fachwerkgiebelhaus** aus dem späten 18. Jh., das als Mietshaus genutzt wurde und heute ein Restaurant beherbergt.

Einen Eindruck vom Hamburg der Jahrhundertwende erhält man in der Seitenstraße **Brüderstraße**, die von den Brüdern Friedrich Hermann und Ernst Wex 1876 als Privatweg angelegt wurde. Eine Besichtigung wert ist auch die ähnlich gestaltete, ebenfalls 1876 angelegte **Wexstraße** mit den kleinen Lädchen und Kneipen. Eines der in Hamburg seltenen Barockhäuser, der **Paradieshof**, steht am Alten Steinweg. Das Gebäude wurde 1762 als Mietshaus errichtet und komplett restauriert.

43 Fleetinsel

S-Bahn Stadthausbrücke

Fleetromantik zwischen modernen Cityhäusern und alten Kontoren.

Die jüngste Veränderung im Citybereich Hamburgs ist die Fleetinsel. Der durch die Bombennächte des Zweiten Weltkrieges zerstörte Bereich wurde erst ab Ende der 1980er-Jahre neu bebaut. Unter anderem findet man dort moderne Bürohäuser wie den **Fleethof**, das 5-Sterne-Hotel **›Steigenberger‹** und das **Deutsch-Japanische Zentrum**. Ebenso trifft man auf der Fleetinsel auf alte Geschäftshäuser wie das **Neidlingerhaus** (Michaelisbrücke 1), welches Johannes Grotjan 1885/86 erbaute. Beachtenswert ist hier die *Neorenaissance-Fassade*.

Fleetromantik findet man noch im Bereich **Admiralitätstraße** und **Herrengraben**. Die Gebäude hier wurden als Kontore, Lager und Speicher genutzt. In ihnen sind heute eine Fachbuchhandlung sowie Galerien untergebracht. Zum Herrengrabenfleet hin stehen die Fassaden einiger Speicher mit ihren Windenluken. Dazu gehören das im klassizistischen Stil errichtete Wohnhaus Admiralitätstraße **Nr. 76** mit dem 1896 erbauten Speicher, ebenso das Geschäftshaus **Nr. 74** mit einem 1787 erbauten Speicher sowie das Kontorhaus **Nr. 72** (1889/90, Bahre & Querfeld).

TOP TIPP 44 St. Michaelis

Englische Planke
S-Bahn Stadthausbrücke

Die wohl schönste Barockkirche Norddeutschlands.

Eines der Wahrzeichen der Hansestadt ist die Hauptkirche St. Michaelis, von den Hamburgern auch ›Michel‹ genannt. Sie gilt als die **schönste Barockkirche** in Norddeutschland.

Der Michel hat eine überaus bewegte Geschichte: Bereits 1649–61 wurde hier eine dreischiffige Basilika von Christoph Corbinus und Peter Marquardt errichtet; der Turm wurde 1669 fertig gestellt. Ein Blitzschlag am 10. März 1750 zerstörte jedoch das Gotteshaus. Nur die Kleine St.-Michaelis-Kirche blieb bestehen. Der Neubau wurde von Ernst Georg Sonnin durchgeführt, er entwarf zusammen mit Johann Leonhard Prey eine barocke *Predigtkirche in Kreuzform*, in der von jedem Platz aus der Blick zur Kanzel möglich war. Von 1750–62 erfolgte der Bau der neuen Kirche, der *Turm* folgte erst zwischen 1776–86. Ein Brand am 3. Juli 1906 zerstörte jedoch auch dieses Gebäude. Mit Hilfe des Senats, der Bürger sowie durch Spenden aus aller Welt wurde es ermöglicht, den Sonnin-Bau in den Jahren 1907–1912 originalgetreu wieder aufzubauen. Erneute Zerstörungen erfuhr die Kirche in den Bombennächten 1944

Alt und Neu muss sich erst finden: An der Fleetinsel mischen sich historische Kontorhäuser mit modernen Citygebäuden

Was wäre Hamburg ohne seinen ›Michel‹? Besonderer Genuss für Auge und Ohr ist immer dann angesagt, wenn ein Orgelkonzert stattfindet

und 1945, bis 1952 war sie jedoch wieder hergestellt. Inzwischen wurde auch der Turm grundlegend renoviert – eine Arbeit von Jahren.

Ein Besuch dieser Kirche ist unbedingt empfehlenswert, vor allem dann, wenn eines der zahlreichen *Orgelkonzerte* stattfindet. Alle drei Orgeln erklingen zur täglichen Andacht zwischen 12 und 12.15 Uhr; die Orgelkonzerte werden von Pfingsten bis September um 17 Uhr ausgerichtet. Über das barocke **Hauptportal** [A] kann nun jeder Besucher die Kirche erreichen. Besonders beeindruckend ist der in Weiß, Grau und Gold gehaltene *Innenraum*, in dem 3000 Menschen Platz finden. Der hohe Raum fasziniert vor allem wegen der freitragenden Decke, der formschönen Emporen und wegen des 20 m hohen marmornen **Altars** [B]. Ebenso aus Marmor sind der 1763 errichtete **Taufstein** [C] sowie die **Kanzel** [D]. Der barocke **Gotteskasten** [E] am Eingang, ein Spendenkasten für die Armen, wurde von Baumeister Sonnin 1763 gestiftet. Einen Besuch wert ist auch das

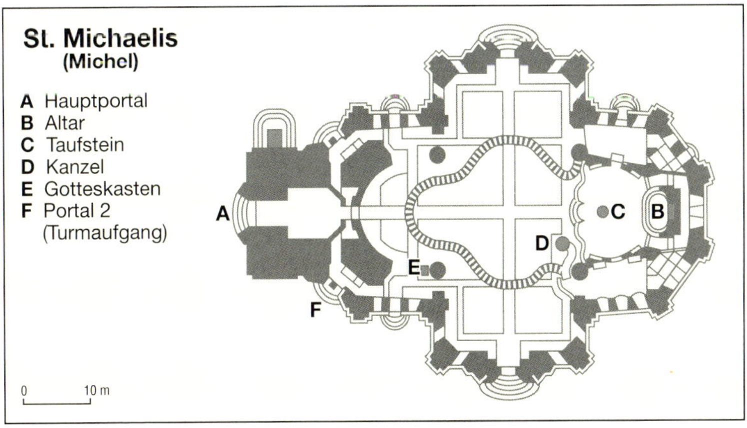

Ein Stück Wohngeschichte erlebt man in den Krameramtsstuben, die sich gleich neben der Kirche St. Michaelis befinden

Gruftgewölbe mit der Dauerausstellung ›Michaelica‹ (Juli–Oktober tgl. 11–16.30 Uhr, November–Mai Sa und So 11–16.30 Uhr). In der Gruft sind zudem die *Grabplatten* von Ernst Georg Sonnin (1713–1794) und Carl Philipp Emanuel Bach (1714–1788).

Ein Gang auf den ›Michel‹, den 132,14 m hohen *Kirchturm*, lohnt ebenfalls. Die Aussichtsplattform liegt auf 82,54 m Höhe und bietet einen herrlichen Ausblick auf die Elbe, die nahen Hafenanlagen und den Rest von Hamburg. Man erreicht den Turm über das **Portal 2** [**F**] im Südwesten des Gotteshauses. Wer gut zu Fuß ist, kann die 449 Stufen steigen. Ansonsten steht auch ein Fahrstuhl bereit. Übrigens: Werktags um 10 und 21 Uhr, sonn- und feiertags um 12 Uhr, bläst ein so genannter *Türmer* unter den Uhren des Turms in alle Himmelsrichtungen einen Choral – eine rund 300-jährige Tradition. Im Turm selbst bringt eine **Multivisions-Show** dem Besucher die Geschichte Hamburgs nahe.

Öffnungszeiten S. 129

TOP TIPP 45 Krameramtsstuben

Krayenkamp 10
S-Bahn Stadthausbrücke

Romantisches Alt-Hamburg.

Gegenüber der Michaeliskirche, hinter dem Eingang von Haus Krayenkamp Nr. 10, befindet sich eine kleine **Wohnhofanlage**, die 1676 errichteten Krameramtswohnungen oder -stuben. Die fünf zweistöckigen *Fachwerkhäuschen* sind die letzten ihrer Art in Hamburg und verkörpern ein Stück althamburgischer Geschichte. In ihnen wohnten die Witwen der Krämer. Die Häuser A, M und N stammen höchstwahrscheinlich bereits aus dem Jahr 1620. Im 19. Jh. nutzte man die Wohnzeile als Altenwohnungen, von 1971–74 wurde sie renoviert. Heute findet man in den Krameramtsstuben eine kleine Buchhandlung, eine Galerie, gemütliche Restaurants und das **Museum Krameramtsstuben**, in dem eine *historische Witwenwohnung* mit Möbeln aus der Zeit um 1850 zu sehen ist.

Öffnungszeiten S. 129

Die vielen Gesichter von St. Georg: Kirchen, Künstler, Kneipen

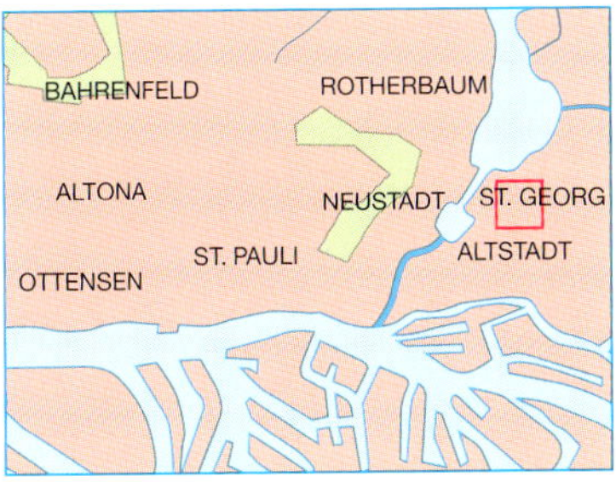

Neben St. Pauli entwickelte sich in St. Georg mit dem Bau des **Hauptbahnhofs** 1906 ein weiteres Rotlichtmilieu – und ein Treffpunkt der Drogenszene. Dabei bietet St. Georg ungleich mehr: Knapp 17 000 Einwohner aus mehr als 100 Nationen sorgen für eine **bunt gemischte Bevölkerung**. Billiger Wohnraum zog Künstler und Studenten in das Viertel, ließ Kneipen und kleine Läden ihre Kundschaft finden. Neben den **Prachtbauten** an der Kirchenallee und an der Alster, den **Bürgerhäusern** in der Langen Reihe und rund um den Hansaplatz bietet St. Georg vor allem in den engen Seitenstraßen sehenswerte **Terrassen- und Hinterhofbauten**. Und darüber hinaus Szeneleben pur.

Zwischen Außenalster im Nordwesten und Hammerbrook im Südosten gelegen, ist es der **älteste Hamburger Stadtteil** außerhalb des alten Befestigungsringes der Hansestadt. Hierher verlegten die Hamburger, was ihnen innerhalb ihres Schutzwalles nicht ganz geheuer war: ein Hospital für die Leprakranken mit der St.-Georgs-Kapelle (um 1200), den Galgen (um 1500), den Pestfriedhof (1564) oder auch manch feuergefährliches Gewerbe wie den Pulverturm. 1679/80 wurde St. Georg in den Festungsring der Hansestadt einbezogen, 1789 sperrte man die Bewohner durch eine Torvorrichtung wieder aus. Wer abends in die Stadt wollte, musste zahlen. Nach 60 Jahren begehrten die St. Georgianer auf, stürmten die Sperre und steckten sie in Brand.

St. Georg wurde Ende des 19. Jh. zum aufblühenden Viertel: **Handwerkerhäuser** und erste Wohnblocks entstanden, das **Deutsche Schauspielhaus** wurde 1900 eröffnet, und **prachtvolle Hotels** wurden erbaut. Um das Jahr 1970 sollte das Gebiet zwischen Außenalster und Hansaplatz Versuchsfeld für eine ›richtungsweisende‹ Baumaßnahme der Neuen Heimat werden. Das gesamte Viertel sollte einer Art *Alster-Manhattan* weichen mit bis zu 60-stöckigen Gebäuden – Pläne, die jedoch bald wieder verworfen wurden. Seitdem wird St. Georg behutsam saniert. Zu Ehren kam der Bezirk schließlich durch die Wiedervereinigung Deutschlands. Der Bischof des neu gebildeten **Nordbistums** (Schleswig-Holstein, Hamburg und Mecklenburg) etwa wählte die Hauptkirche St. Marien (Danziger Straße) zu seinem Sitz.

TOP TIPP 46 Deutsches Schauspielhaus

Kirchenallee 39
U-Bahn und S-Bahn Hauptbahnhof

Ambitioniertes Theater in einem reich geschmückten Bau im Stil des Wiener Volkstheaters.

So recht fügt sich dieser reich dekorierte Bau, der in der Fassade Elemente der Renaissance und des Barock aufnimmt, nicht in die nüchterne Kaufmannsstadt Hamburg. Man stelle sich das Gebäude leicht erhöht auf einem Sockel vor mit einer prächtigen Freitreppe, die zum Eingang führt – schon würde es bestens nach Süddeutschland oder Österreich passen! Und das nicht ohne Grund: Der Bau ist eine **Kopie des Wiener Volkstheaters** (Ferdinand Fellner, Hermann Helmer). 1800 Plätze bot das Deutsche Schauspielhaus bei seiner Eröffnung im Jahr 1900 und war damit eines der größten Theater Deutschlands. Abend für Abend mussten diese Plätze besetzt werden,

Little Vienna an der Waterkant – Das Deutsche Schauspielhaus kopiert architektonisch das Wiener Volkstheater. Hier wirkte von Gründgens bis Zadek alles, was Rang und Namen hatte

denn immerhin gehörte das Theater einer Aktiengesellschaft und sollte Gewinn erwirtschaften. Daher standen hauptsächlich populäre Stücke auf dem Programm des Schauspielhauses.

Die *Fassade* des Gebäudes ist beeindruckend: Hier finden sich Büsten von Goethe und Schiller, Lessing, Kleist, Shakespeare und Grillparzer. Bekrönt wird die Vorderfront des Hauses von *Skulpturengruppen*, welche die ernsten und heiteren Musen versinnbildlichen. Der Schmuck der Fassade und des Innenraumes wurde bei der Renovierung 1984 im alten Feststil wieder hergestellt. Gespielt wird heute auch auf der Nebenbühne ›**Malersaal**‹. Die Aufführungen im Deutschen Schauspielhaus sorgten und sorgen immer wieder für Schlagzeilen. Was nicht zuletzt an den Intendanten lag. *Gustaf Gründgens* führte das Haus von 1955 bis 1963 und machte es zu einer der führenden Sprechbühnen im deutschsprachigen Raum. In den späten 80er-Jahren des 20. Jh. gab Peter Zadek dem Haus neue Impulse – und sorgte für Begeisterung, aber auch für manchen Skandal. An diese großen Zeiten soll ab dem Jahr 2005 der aus Bochum wechselnde Intendant Matthias Hartmann anknüpfen.

In unmittelbarer Nähe des Deutschen Schauspielhauses verweisen die Hotels ›**Bismarck**‹ (Kirchenallee Nr. 49), ›**Kronprinz**‹ (Nr. 46) und ›**Reichshof**‹ (Nr. 34–36) auf die ehrgeizigen Pläne, die mit dem Bau des Hauptbahnhofes verbunden waren. Das Hotel ›Reichshof‹ war bei seiner Eröffnung im Jahr 1910 das größte Hotel Deutschlands. Noch heute zeigt das Haus die *prachtvolle Innendekoration* aus dieser Zeit.

Das **Bieberhaus** (Hachmannplatz/ Ernst-Merk-Str. 9), 1908 bis 1910 erbaut, sollte ebenfalls ein Hotel werden, wurde dann jedoch als Kontorhaus genutzt.

47 Dreieinigkeitskirche

St. Georgs Kirchhof
S-Bahn und U-Bahn Hauptbahnhof-Nord

Kirchenneubau mit historisierendem Turm.

Die Kirchenallee führt zur Dreieinigkeitskirche, dem **historischen Zentrum** des Stadtteils St. Georg. Um das Jahr 1220 stiftete Graf Adolf III. hier ein Lepra-Hospital, dessen Kapelle man dem hl. Georg weihte. In den Jahren 1743–47 enstand an dieser Stelle die **Kirche der Heiligen Dreieinigkeit** im spätbarocken Stil. Mittlerweile hatten sich rund um das Hospital erste Handwerker angesiedelt, eine Vorstadt war entstanden.

1943 schwer zerstört, wurde das Kirchenschiff der Dreieinigkeitskirche von 1954 bis 1957 nach Plänen von Heinz

Graaf mit betont schlichtem Innenausbau neu errichtet. Einzig der 67 m hohe **Kirchturm**, den die Figur des hl. Georg krönt, wurde 1959–61 im alten Stil wieder hergestellt. In der *Turmkapelle* findet sich eine bronzene Kreuzigungsgruppe aus der Zeit um das Jahr 1500. Sie stand einst an dem Kreuzweg, der vom Mariendom im Stadtzentrum zum Siechenhaus des St.-Georg-Hospitals führte. Vor der Kirche steht eine *Statue des hl. Georg* mit Drachen (Gerhard Marcks, 1958).

Weltlich dagegen geht es in der Destille **›Max und Consorten‹** (Spadenteich Nr. 3) zu. Im Jahr 1896 eröffnet, nimmt sie im Namen eine Tradition der Hafenarbeiter auf. ›Consorten‹ waren nicht etwa Kumpanen eines gewissen Max. So wurden die Hafenarbeiter genannt, die als Quartiermacher ein Team bildeten.

TOP TIPP 48 Kempinski Hotel Atlantic

An der Alster 72–77
S-Bahn Hauptbahnhof und
U-Bahn Hauptbahnhof-Nord

Ein Hotel vom Feinsten im ›Edelviertel‹ von St. Georg.

Wie das ›Maritim Hotel Reichshof‹ an der Kirchenallee stammt das ›Kempinski Hotel Atlantic‹ aus dem Beginn unseres Jahrhunderts, als sich Hamburg endgültig zur modernen Großstadt, zum Ziel vieler Reisender entwickelte. Die **schneeweiße Fassade** des Hotels (erbaut 1907–09), bekrönt von der *Weltkugel*, hebt sich prächtig gegen das Blau der Alster ab. Dass das Hotel Elemente der Neorenaissance in der *Fassade* zeigt und bei Architekten schon zu Bauzeiten als unmodern galt, dürfte kaum einen illus-tren Gäste gestört haben. Schon gar nicht Hans Albers, der hier während seiner Hamburg Aufenthalte logierte und den Ausblick auf die Anleger der Außenalster genoss – dort, wo der berühmteste St. Georgianer als Junge gearbeitet hatte.

49 Lange Reihe

S-Bahn Hauptbahnhof und
U-Bahn Hauptbahnhof-Nord

Schlendermeile mit kleinen Geschäften.

Die Straße Lange Reihe und der Steindamm bilden sozusagen die Hauptstraßen von St. Georg. Während der

Schneeweiße Schönheit – Das ›Kempinski Hotel Atlantic‹ an der Außenalster

Shoppen und Schlemmern auf der Langen Reihe in St. Georg

Hans Albers wurde in diesem Haus Lange Reihe Nr. 71 am 22. September 1891 geboren

Steindamm noch immer für Prostitution und eine hohe Kriminalitätsrate bekannt ist, hat sich die Lange Reihe mit ihren vielen kleinen Läden und Cafés zur **Promeniermeile** gemausert. Dass St. Georg heute gern mit dem New Yorker Stadtteil Greenwich Village verglichen wird hat seinen Grund auch darin, dass sich hier seit den 1980er-Jahren eine selbstbewusste homosexuelle Mittelschicht niedergelassen hat.

Renovierte Häuser aus der Gründerzeit einerseits und moderne Glasfassaden andererseits, ausgefallene Geschäfte sowie alteingesessene ebenso wie neue Szenekneipen prägen heute das Bild der quirligen Langen Reihe. Sie löste nach dem Zweiten Weltkrieg die seinerzeit gutbürgerliche Geschäftsstraße Steindamm an Bedeutung ab. Im Bombenhagel des Weltkrieges weitgehend zerstört, wurde der Steindamm danach zur zweispurigen Hauptverkehrsstraße umgebaut.

Unter den Gebäuden in der Langen Reihe fällt zunächst der Handelshof (Nr. 29) auf, der 1913/14 nach Plänen des Architekten Fritz Höger errichtet wurde. Höger führte in Hamburg die Klinkerbauweise ein. Die schöne **St. Georg Apotheke** (Nr. 39) stammt aus der Mitte des 19. Jahrhunderts.

Besonders der Bau Lange Reihe **Nr. 71** besticht durch seine schmuckvolle Fassade aus der Gründerzeit. Eine Gedenktafel erinnert an den wohl berühmtesten Sohn St. Georgs, **Hans Albers**. Der Schauspieler wurde hier am 22. September 1891 als Sohn des Schlachters Wilhelm Albers geboren. Vater Albers hatte es durch eine Großschlachterei zu beträchtlichem Wohlstand gebracht. Umso ärgerlicher empfand er es, dass aus dem Sohn kein Kaufmann werden wollte. Der Schule verwiesen, versuchte sich Hans Albers zunächst auf mehreren Lehrstellen, bevor er ohne Wissen seines Vaters eine Ausbildung als Schauspieler absolvierte. Fürchterliche Kritiken für erste Auftritte in Provinztheatern sowie Rollen in mehr als 100 Stummfilmen musste Albers hinter sich bringen, bis ihm mit dem Tonfilm der große Durchbruch gelang. Mit Filmen wie ›Große Freiheit Nr. 7‹ wurde der 1960 verstorbene Hüne zum ›Blonden Hans‹, zum Darsteller des Seemanns, in dessen blauen Augen alle nur denkbare Sehnsucht lag.

Der Durchgang beim Haus Lange Reihe Nr. 75 führt nicht nur zu einer sehenswerten, weil typischen Hinterhausbebauung. Er führt auch in das ›*Haus des Kunsthandwerks*‹ (Koppel Nr. 66). 1981 wurden in der ehemaligen, 1924 erbauten Maschinenfabrik Werkstätten und Läden für Kunsthandwerker eingerichtet.

50 Steindamm

S-Bahn Hauptbahnhof und
U-Bahn Hauptbahnhof Nord

Ehemals großbürgerliches Viertel zwischen Verfall und neuem Aufbruch.

Oft ist Hans Albers auch in dem im Jahre 1894 eröffneten **Hansa-Theater** am Steindamm aufgetreten. Das Varieté-Theater warb zuletzt mit dem Anschlag »Garantiert nicht im Fernsehen«, um auch im TV-Zeitalter noch Menschen ins Theater zu locken. Starke Frauen, fliegende Teppiche und seilspringende Hunde standen auf dem Programm. Trotz Werbung: Schließlich musste das Hansa-Theater, das selbst den Bombenkrieg in den 1940ern überstanden hatte, den Betrieb aufgeben.

Trauern dürften die Bewohner St. Georgs auch um das Pulverfass in unmittelbarer Nähe des Steindamms. Doch grundsätzlich bleibt das traditionsreiche Travestie-Cabaret den Hamburgern erhalten: Das Haus mit den ›Crazy Boys‹, einer Männerstrip-Gruppe, ist auf die Reeperbahn gezogen.

Eine kulturelle Wüste ist der Steindamm dennoch nicht: Nach der Schließung des Kinos ›Neues Cinema‹ am Steindamm 45 ist in den Räumen mit den gemütlichen Kinosesseln eine weitere **Spielstätte des Schauspielhauses** eingezogen.

Erhalten haben sich auf dem Steindamm weiterhin Spielhallen, Pornoshops und Stundenhotels, in Hamburg ›Steigen‹ genannt, sowie Amüsierbetriebe der modernen Art. Der Besucher beurteile den Wert der angebotenen Vergnügungen selber. Allerdings: Auch viele **exotische Geschäfte** und Lebensmittelhändler geben dem Steindamm ein durchaus buntes und sehenswertes Aussehen.

Nur die Hausfassaden und der Hansabrunnen (1878) erinnern heute noch daran, dass das Wohnquartier um den **Hansaplatz** zur Gründerzeit bürgerliche Wohnkultur in ein sanierungsbedürftiges Viertel bringen sollte. Die *Hanseatische Baugesellschaft* hatte das ehedem als **Borgesch** bekannte Viertel von der Stadt Hamburg im Gegenzug für die Übernahme der Kosten für die Aufwertung des Viertels durch Straßenbeleuchtung und Abwasserkanäle erworben. Die Stadt hoffte darauf, nach der baulichen Umgestaltung solventere Bewohner in das Viertel zu locken. Leidtragende waren allerdings die weniger vermögenden, alteingesessenen Mieter: Sie mussten ihre Häuser verlassen.

Das Standbild der ›Harmonia‹ auf dem **Hansabrunnen** soll den Betrachter an die große Geschichte der Hanse erinnern, jenen in der glorifizierenden Erinnerung von Harmonie und Einigkeit geprägten Städtebund. Auch die Straßen um den Hansaplatz verweisen mit ihren Namen – Greifswalder, Revaler, Rostocker oder Soester – auf die ruhmreiche Vergangenheit Hamburgs als Hansestadt.

Heute schlägt dem Besucher auf dem Hansaplatz das blanke soziale Elend entgegen. Prostitution, Drogensüchtige und billige Absteigen bestimmen das Bild, der Platz wurde damit zum Symbol der offenen Drogenszene in der Hansestadt. Doch die Stadtplaner geloben Besserung: Für den Hansaplatz als auch für einige heruntergekommene Bürokomplexe am Steindamm laufen Gespräche über den Neubau von Wohnungen und Gewerbeflächen. Der Steindamm soll sich insgesamt wandeln. Erklärtes Ziel der Planer ist die Umgestaltung der Gegend in eine ›saubere Amüsierstraße‹.

Mythos St. Pauli: ein Rotlichtviertel im ewigen Aufschwung

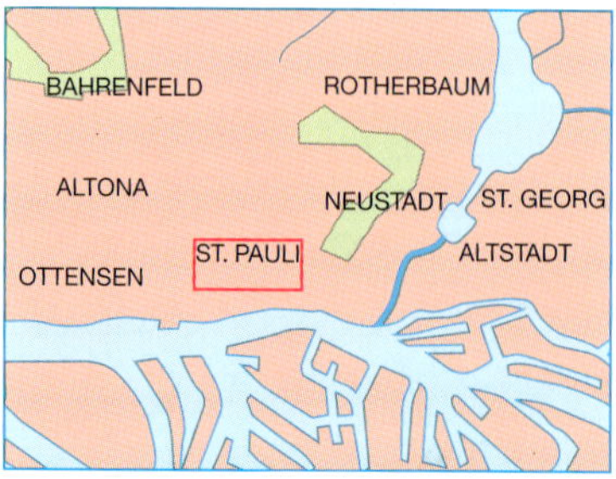

St. Pauli, das sind **Reeperbahn** und **Große Freiheit**, das sind die Sexclubs, in denen es bisweilen noch etwas ›sündiger‹ zugeht als in gleichartigen Etablissements in anderen deutschen Städten: So stellt sich das gängige Bild von St. Pauli dar. Ein Bild, das niemals gestimmt hat. Und doch hat dieser Mythos rund um vergnügungssüchtige Seebären und leichte Mädchen einst Weltruhm erlangt.

Wie nicht anders zu erwarten, ist St. Pauli, im Volksmund ›*St. Liederlich*‹ genannt, ein Hamburger Stadtteil mit einer ganz eigenen Geschichte. Zwischen dem hamburgischen Millerntor und dem altonaischen Nobistor gelegen, war dieses Gebiet lange Jahre eine Art ›Niemandsland‹. Der **Hamburger Berg**, so der Name für das Gebiet, stand zwar unter hamburgischer Gerichtsbarkeit, lag aber vor der Stadtmauer. Die Schauenburger Grafen ließen auf dem altonaischen Teil **religiöse Minderheiten** und auch **Handwerker** siedeln, die ohne den alten Zunftzwang ihrem Gewerbe nachgehen durften. An dieses Recht erinnern die Straßennamen *Große Freiheit* und *Kleine Freiheit*.

Die Hamburger legten um 1626 im Bereich Reeperbahn, Hamburger Berg, Simon-von-Utrecht-Straße und Kleine Seilerstraße ein Handwerksgelände an, auf dem die Reepschläger den Reep, die Taue und Seile für die Segelschiffe, fertigten. Aber damit nicht genug. Unmittelbar vor dem Millerntor etablierte sich schon um 1800 der **Spielbudenplatz**. Wie sein Name sagt, war er Bühne für allerlei Vergnügungen, die damals innerhalb der hamburgischen Stadtmauern nicht geduldet wurden.

Sein heutiges Aussehen verdankt St. Pauli einer drakonischen Maßnahme der französischen Besatzungstruppen im Jahr 1813. Um den napoleonischen Truppen Schutz zu bieten, wurde Hamburg zur Festung erklärt. St. Pauli stand im Schussfeld vor der Stadtmauer und wurde in weiten Teilen in Schutt und Asche gelegt. Beim Wiederaufbau legte man regelmäßige Straßenzüge an. Danach fanden hier viele Arbeiter hafennahe Wohnungen.

Mit dem Aufkommen der Dampfschifffahrt, die den Welthandel ankurbelte und viele Schiffe in die Stadt brachte, wurde St. Pauli auch zum **Vergnügungsviertel der Seeleute**. Es bildeten sich zugleich Gemeinden von Zugereisten, darunter auch die *Chinesische Gemeinde*. Für das Viertel prägend waren aber vor allem Kneipen, Stimmungslokale und dazu die obligaten ›leichten Mädchen‹ – ab Mitte der 60er-Jahre des 20. Jh. entwickelte sich die berühmt-berüchtigte Sexmeile. Die Seeleute blieben zwar aus, da sich die Liegezeiten der Schiffe rapide verkürzten. Dafür kamen die Touristen, denen etwas geboten werden sollte. Als dann in den 1970er-Jahren die Sexwelle anrollte, war endgültig Schluss mit der Kiez-Romantik. Trauriger Ausdruck dieser Entwicklung: Kontakthöfe, Eros-Center und Peepshows.

Seit der zweiten Hälfte der 1980er-Jahre kann man einen deutlichen Umschwung auf St. Pauli spüren. **Rockclubs** kehrten auf den Kiez zurück, **Theater** wie das ›Schmidts‹, **Musical-Spielstätten** wie das Operettenhaus oder auch **Bars** der besseren Sorte brachten wieder etwas mehr Atmosphäre auf die Reeperbahn. Ein Angebot, aus dem sich jeder Besucher das für ihn Passende heraussuchen kann.

Verheißungsvolles Neongeglitzer – die Reeperbahn bei Nacht

TOP TIPP 51 Reeperbahn

U-Bahn St. Pauli,
S-Bahn Reeperbahn

Die Vergnügungsmeile Deutschlands.

Auf gut 600 m Länge erstreckt sich die **Amüsiermeile**, die ihren Namen nach dem Gelände der Reepschläger trägt. Einst verrufen, ist die Reeperbahn doch eine der sichersten Straßen der Stadt, da sowohl die Polizei als auch das ›Milieu‹ dafür sorgen, dass den Touristen in der Regel nichts geschieht. Wenngleich die Reeperbahn durch kriminelle Aktionen von Zuhältern oder auch Drogendealern in den vergangenen Jahren immer wieder in die Schlagzeilen geriet, so bekommt man nur selten etwas davon mit.

Auf der rechten Seite der Reeperbahn, geht man vom Millerntor Richtung Nobistor, haben vor allem Video-Peepshows und Automatenhallen eröffnet. Da sticht das **›Kasino Reeperbahn‹** (Nr. 94–96) durch seine großzügige Innenausstattung hervor, obwohl hier letztlich auch nur an verschiedenen Automaten um Geld gespielt wird.

Legendär ist das **›Café Keese‹**, das mit seinem ›Ball paradox‹ bundesweit Berühmtheit erlangte: Hier durfte sich die Dame den Herrn aussuchen oder das Sternzeichen über die Partnerwahl entscheiden lassen. Frisch renoviert erstrahlt das ›Café Keese‹ nun wieder in altem Glanz. Ob Tanzball mit Damenwahl, Ball der einsamen Herzen oder Ladies Night – wer Lust hat zu flirten, ist hier richtig.

Weiter die Reeperbahn hinauf konkurrieren zwei Stimmungslokale miteinander **›Bayrisch Zell‹** und der **›Hamburger Veermaster‹**. Das ›Bayrisch Zell‹ (Nr. 110), in dem sich Bekanntschaften per Tischtelefon anbahnen lassen, ist das etabliertere Lokal – wohl wegen der zünftig krachledern ausstaffierten Blasmusiker. Typische Hamburger Atmosphäre konnte man bis vor wenigen Jahren ausreichend genießen – deshalb waren eher exotische Etablissements gefragt. Mit dem ›Hamburger Veermaster‹ (Nr. 162) beschwört man jetzt wieder die gute alte Seefahrerzeit in St. Pauli – wenn auch nur unter gastronomischen Gesichtspunkten.

Auf der gegenüberliegenden Straßenseite findet sich – noch in Höhe Spielbudenplatz – die **›Condomerie‹**, die Verhüterlis in allen Macharten, Farben und Größen anbietet. Gleich daneben ist der Disco-Klassiker **›after shave‹** (Nr. 7), in dem auch zu Jazzklängen getanzt wird. Darauf folgen das Musiktheater **›Tivoli‹**, das kabarettistische **›Schmidts Theater‹** und **›Angies Nightclub‹**.

Sexclubs und Sexkinos haben sich in den Seitenstraßen beiderseits der Reeperbahn niedergelassen. So befindet sich in der Erichstraße – zwischen Davidstraße und Balduinstraße – das **›Marquee‹**, in dem es lustmäßig etwas härter zugeht. Noch nicht allzu lange auf der Reeperbahn ansässig ist das **›Pulverfass‹** aus St. Georg. Das legendäre Travestie-Cabaret unterhält seine Zuschauer mit Starparodien, Comedy und Gesang. Fester Bestandteil jeder Show sind die ›Crazy Boys‹, bei deren Man-Strip laut Eigenwerbung »nichts verborgen bleibt«.

In der Straße Hamburger Berg auf der gegenüberliegenden Seite der Reeperbahn mischen sich Sexkinos und Kneipen, in denen mancher Gestrandete mit

›Schmidt-Theater‹ *auf dem Spielbudenplatz*

hilfe von Alkohol vergessen will. Ebenso findet man dort Szenetreffs wie das **›Roschinsky's‹** (Nr. 19) oder die Frauenkneipe und Diskothek **›Camelot‹** (Nr. 12).

52 Spielbudenplatz

U-Bahn St. Pauli,
S-Bahn Reeperbahn

Eine Theaterstraße mit Tradition ist wieder im Aufschwung.

Der Name Spielbudenplatz erinnert an die **Verkaufs- und Amüsierstände**, die hier schon Anfang des 19. Jh. die Hamburger über die Stadtgrenze hinaus nach St. Pauli lockten. In den 60er- und 70er-Jahren des 20. Jh. zur öden Fläche mit einigen Baracken verkommen, soll der Platz nun nach und nach hergerichtet werden und an die früheren Zeiten anknüpfen.

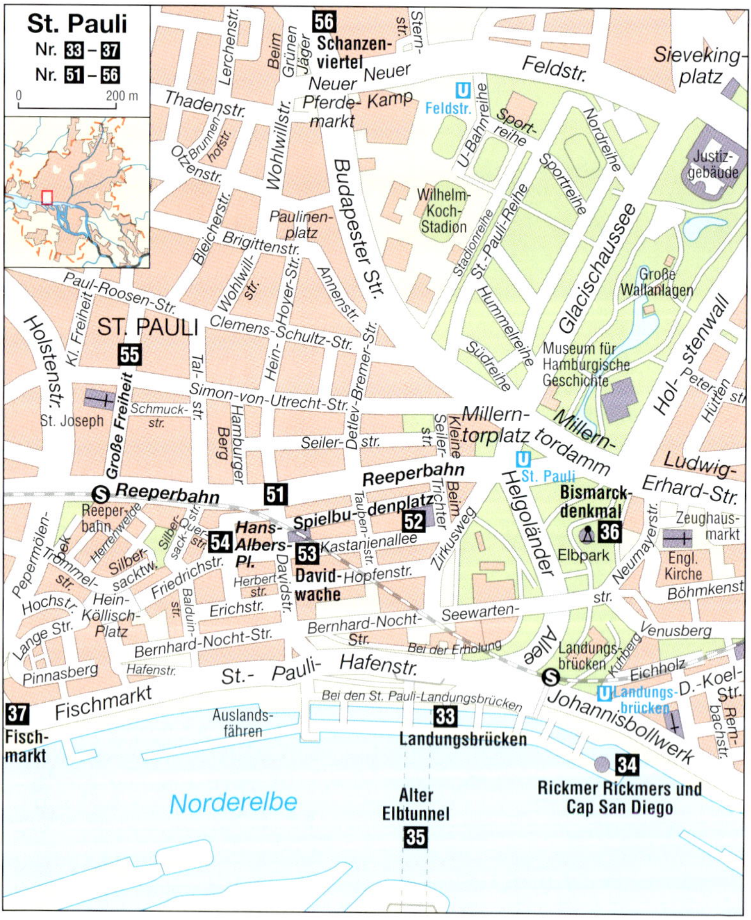

Hier ist der Wiedererkennungswert garantiert: Der König der Löwen, als Trickfilm der erfolgreichste Disney aller Zeiten, kam vom Broadway an die Elbe

Gut gebrüllt, Löwe!

In den 1990er-Jahren wurde Hamburg zur Musicalmetropole – und diesen Ruf verteidigt die Hansestadt noch heute. Gegenüber den St. Pauli-Landungsbrücken, im ›Neuen Metropol Musicaltheater‹ läuft **›König der Löwen‹**, *Disneys derzeit weltweit erfolgreichste Produktion mit der Musik von Elton John und Tim Rice.*

Wo bis vor Kurzem die Katzen miauten, tanzen jetzt nicht etwa die Mäuse auf dem Tisch – im Operettenhaus auf der Reeperbahn heißt es »Thank you for the music«: **›Mamma Mia‹** *ist der Titel eines unterhaltsamen Musicals mit der Musik der schwedischen Kult-Band der 1970er ›Abba‹. Das Musical* **›Titanic‹** *wird zum Oktober 2003 endgültig die Anker in Hamburg lichten. Aber in der ›Neuen Flora‹ geht es auch weiterhin dramatisch zu: Ab Ende 2003 sind hier die Blutsauger unterwegs:* ***›Tanz der Vampire‹*** *heißt die Produktion, die am 7. Dezember 2003 Premiere hat.*

Aber Hamburg wäre ja nicht Hamburg, wenn das schon alles wäre. Zeitgleich mit den weltbekannten Aufführungen hat sich auch eine junge, freche Musical-Szene in der Stadt etabliert, der es an Witz und Professionalität nicht mangelt. Das **›Schmidts Tivoli‹**, *das* **›St. Pauli Theater‹**, *das* **›Neue Theater am Holstenwall‹** *und das* **›Imperial Theater‹** *beispielsweise sind bekannt für ausgeflippte Revuen, originelle Unterhaltungsshows und fetzige Musicals. Das aktuelle Programm erfährt man aus der Tagespresse.*

Entlang des Spielbudenplatzes gibt es eine Reihe wichtiger Theater. Das **Operettenhaus** (Nr. 1) bot seit 1986 seinen Zuschauern das Musical *›Cats‹*. Inzwischen wird hier *›Mamma Mia‹* aufgeführt. Auch wenn *›Cats‹* mittlerweile in Berlin gezeigt wird: Dieser Erfolg brachte seitdem Besucher aus ganz Deutschland nach St. Pauli. Mittlerweile sind *›Der König der Löwen‹*, *›Mamma Mia‹* und *›Tanz der Vampire‹* in die Pfotenspuren der Katzen gestiegen.

Das **›Panoptikum‹** (Nr. 3) bietet ein etwas unzeitgemäßes Vergnügen. Als es weder Fernsehen noch die ›Foto-Flut‹ gab, waren *Wachsfiguren* die einzige Möglichkeit, den Großen der Welt zu begegnen. Rund 100 Figuren bietet das Panoptikum heute, darunter Hans Albers, Freddy Quinn, Erich Honecker und Michail Gorbatschow.

In unmittelbarer Nachbarschaft steht das **›Docks‹** (Nr. 19), seit Jahren eine Adresse für Rockkonzerte und Musikfilme. Das ›**Schmidts Theater**‹ (Nr. 24) ist spätestens seit den Fernsehaufzeichnungen der ›Schmidt's Show‹ und dem großen Erfolg der Figur *Frau Jaschke* in aller Munde. Initiator Corny Littmann trat mit dem schrillen Theater den Beweis an, dass Kunst auch ohne staatliche Unterstützung auskommen kann. Das Programm des ›Schmidt‹ war so erfolgreich, dass nur wenige Meter weiter ›**Schmidts Tivoli**‹ (Nr. 27) eröffnet wurde.

In der Bernhard-Nocht-Str. 69 trifft man auf das **Erotic Art Museum**. Auf 2000 m^2 werden in dem restaurierten Speicher von 1869 *Werke der erotischen Kunst* aus der Zeit ab dem 16. Jh. gezeigt. So finden sich u. a. Werke von Otto Dix, Henry Miller sowie Zeichnungen und Grafiken des Hamburgers Horst Janssen. Den Werken von *Tomi Ungerer* wurde ein eigenes Kabinett gewidmet. Der hauseigene Erotic Art Bookstore bietet die Lektüre zum Thema.

Das **St. Pauli-Theater** (Nr. 29) ist der älteste noch existierende Theaterbau Hamburgs. Welches Schmuckstück sich hinter der Fassade von 1898 verbirgt, wird erst bei einem Besuch des Theaters deutlich: Hier ist das *Interieur* aus den Gründungsjahren 1840/41 erhalten. Auf dem Programm stehen *volkstümliche Stücke*, *Kabarett*, *Comedy* und *Musikshows*. Von Freddy Quinn bis Christoph Schlingensief – so weit ist das Spektrum, das das St. Pauli-Theater abdeckt.

Öffnungszeiten Erotic Art Museum ***S. 128***, Panoptikum ***S. 129***

53 Davidwache

Spielbudenplatz 31
U-Bahn St. Pauli

Das bekannteste Polizeirevier Deutschlands.

Die exponierte Lage an der Hamburger Vergnügungsmeile und die Filme des Hamburger Regisseurs Jürgen Roland haben dem **Polizeirevier** Weltruhm eingebracht. Zum Leidwesen der diensthabenden Beamten, kommen doch Touristen bisweilen in die Wache, um einfach mal kurz ›Hallo‹ zu sagen. Dabei haben die Beamten alle Hände voll zu tun, ihren täglichen Dienst zu erledigen.

Seit 1854 leisten die Ordnungshüter unmittelbar am Spielbudenplatz ihren Dienst. Ein Indiz dafür, dass hier schon zur Mitte des 19. Jh. die bürgerliche Ordnung gesichert werden musste. Die heutige Davidwache aus den Jahren 1913/14 ist ein gutes Beispiel für die *Klinkerbauweise*, die Fritz Schumacher in Hamburg durchsetzte. Mit ihrem hohen Giebel wirkt die Wache wie ein Hamburger Bürgerhaus. Die *Uhr* im Erker des Gebäudes soll an die Ordnung mahnen, die bisweilen auf der Reeperbahn leicht ins Wanken gerät.

54 Hans-Albers-Platz

S-Bahn Reeperbahn

Das Zentrum des alten St. Pauli, das zunehmend auf Vordermann gebracht wird.

Dem einen ein Schandfleck der Stadt, dem anderen nüchterner Ausdruck der

Dramatisch geht es manchmal sowohl im St. Pauli-Theater als auch auf dem benachbarten Polizeirevier Davidwache zu

Verhältnisse auf St. Pauli – das ist der Hans-Albers-Platz mit seinem Toilettenhäuschen im Mittelpunkt, dem Unrat, den Sportwagen der Zuhälter und den Damen des Gewerbes. Tristesse, die nächtens überstrahlt wird vom Rotlicht. Viel konnte da die eigenwillige Plastik des Schauspielers Hans Albers, 1986 von Jörg Immendorff aus 1,5 Tonnen Bronze geschaffen und der Stadt geschenkt, nicht retten. Zumal die Bedingung Immendorffs – die Neugestaltung des Platzes – nicht erfolgte. Vorübergehend holte der Künstler das Denkmal deshalb zurück an den Rhein, inzwischen blickt Hans Albers aber wieder über seinen Platz.

Ein verständlicherer Beitrag zur Verbesserung der Atmosphäre auf dem Hans-Albers-Platz leistete Kunstprofessor und Maler Jörg Immendorff dann schon die Eröffnung der Kneipe **›La Paloma‹** am Platz. Hier kann man neben bierseligem Singen in den frühen Morgenstunden auch Bilder der so genannten ›Jungen Wilden‹ zu bewundern. Viele Kneipen finden sich mittlerweile in restaurierten Hinterhöfen – ein Konzept, das man aus der Düsseldorfer Altstadt und anderen Städten kennt. Mittlerweile alteingesessen – und von Udo Lindenberg besungen – ist etwa das **›Mary Lou‹** auf der gegenüberliegenden Seite des Platzes.

Ziel vieler Touristen ist die nur wenige Meter vom Hans-Albers-Platz entfernte **Herbertstraße**, die letzte geschlossene *Bordellstraße* in Hamburg, zu der nur Männer über 18 Jahren Zutritt haben. In den Schaufenstern beiderseits der Gasse bieten Damen ihre Dienste an – wie es heißt, ohne ›männlichen Schutz‹, sprich ohne Zuhälter, der die Einnahmen abkassiert. Der Name Herbertstraße erinnert nicht etwa an einen besonders beliebten Kunden, sondern fügt sich ein in die Namensgebung der umliegenden Straßen. Beim Wiederaufbau des Viertels Mitte des vergangenen Jahrhunderts wählte man einfach Vornamen als Straßenbezeichnungen.

55 Große Freiheit

S-Bahn Reeperbahn

Sexmeile mit Rock-Einschlag.

Die Große Freiheit – sie brummt wie noch nie: Auf knapp 350 m wird gebummelt, getrunken, gegessen, getanzt, gerockt und natürlich gestrippt – wenn es

Plüschiges Straßencafé, nicht nur für Prince-Fans: Purple Rain bei Nacht

auch in Sachen Sex längst nicht mehr so doll hergeht wie in der Vergangenheit. Das berühmt-berüchtigte **›Salambo‹**, in dem Besitzer René Durand in den 1950er-Jahren die erste Nackt-Show Deutschlands auf die Bühne brachte, gibt es nicht mehr, und auch der Sexclub ›Tabu‹ wurde geschlossen. Anstelle des ›Salambo‹ lockt jetzt das **›Dollhouse‹** mit nackten Tänzerinnen, die sich zu angesagter Musik und gegen Dollhouse-Dollars auf den Tischen wiegen. Und im Gebäude des einstigen ›Tabu‹ befindet sich das **›Dollhouse Diner‹**, ein amerikanisch gestylter Szene-Laden mit Sound und Snacks. Echte Live-Sex-Shows gibt es heute noch im ›Safari‹ und in ›Monikas Bar‹.

Die Große Freiheit ist eine der ersten Adressen der Stadt, wenn es ums Tanzen geht – und sie bietet Musik für fast jeden Geschmack: Da ist zum Beispiel die seit 1968 existierende Diskothek **›Grünspan‹**, in der ganz unterschiedliche Konzerte und Partys veranstaltet werden; außerdem die legendäre **›Große Freiheit 36‹**, einer der bekanntesten Live-Clubs Deutschlands, in dem u. a. die *Beatles* als Nachwuchsband auftraten und daraufhin ihre große Karriere starteten. In der Großen Freiheit Nr. 39, in dem sich einst der wegen seiner Live-Konzerte berühmte Star-Club befand, bietet jetzt das **›Rock-Café‹** – wie es der Name verspricht – puren Rock. Und wer mehr auf Rhythm & Blues steht, der ist im **›Indra‹** in der Großen Freiheit Nr. 62 oder im **›Funky Pussy Club‹** (Nr. 34) richtig.

Zum Glück nicht ansteckend! – In der Disko Grünspan wirken manche Tänzer bei entsprechender Beleuchtung wie im ›Gelb-Fieber‹

Auch wirklich gut essen kann man in der Großen Freiheit, und zwar in der **›Weiten Welt‹** (Nr. 70). Das im Innenhof versteckte Restaurant besticht durch schlichte Eleganz und gehobene Küche. Für den Absacker danach bietet sich die trendige **›Sonderbar‹** (Nr. 87) an. Ach ja, und dann darf man natürlich keineswegs die Große Freiheit Nr. 7 vergessen, auch wenn es sich dabei eigentlich um eine Erfindung handelt. Denn die Adresse des **›Hippodroms‹**, in dem Hans Albers im gleichnamigen Film seine Lieder sang, hatten sich die Produzenten einfach ausgedacht. Der Film ist ohnehin im fernen Prag gedreht worden, weil sich nur dort während des letzten Kriegsjahres noch ungestört Dreharbeiten realisieren ließen. Aber dafür wurde dann das Stimmungslokal **›Große Freiheit Nr. 7‹** eröffnet, das auch tatsächlich in Haus Nr. 7 untergekommen ist, und dort singt heute noch der ›Blonde Hans‹ – wenn auch nur vom Band.

TOP TIPP 56 Schanzenviertel

Bus 111, S-Bahn und U-Bahn Sternschanze

Eine Schmuddel-Ecke wird zum Szeneviertel.

Das Schanzenviertel ist der wohl widersprüchlichste und innovativste Stadtteil Hamburgs. Zum größten Teil zu St. Pauli gehörig, umfasst es das Dreieck zwischen dem Neuen Pferdemarkt im Süden, Max-Brauer-Allee im Westen und Schanzenstraße im Osten.

Der Neue Pferdemarkt führt auf das **Schulterblatt**, die Hauptstraße des Viertels. Um 1700 stand hier das Gasthaus ›Zum Schulterblatt‹, das als Symbol das Schulterblatt eines Wals führte, da hier damals Hamburgs Walfänger ansässig waren. Berühmt und berüchtigt wurde das Schulterblatt Ende der 80er-Jahre des 20. Jh., als das Gebäude des ehemaligen Varieté-Theater ›Flora‹ einer Musical-Halle weichen sollte. Es folgten stürmische Proteste, und tatsächlich wurde das Projekt gestoppt. Autonome nahmen von der sog. ›Alten Flora‹ Besitz, Dealer und Drogenabhängige folgten. Trotzdem mauserte sich die Gegend in den vergangenen Jahren zum sehr lebendigen Szene- und Modeviertel. In kaum einem anderen Stadtteil findet man derartig viele Szene-Bars, Restaurants und ausgefallene Boutiquen. Immer mehr Modedesigner, Filmproduktionsfirmen und Fotostudios lassen sich hier nieder. Leider ist das *St. Pauli Museum*, die Privatsammlung des Autors und Fotografen Günter Zint mit einer Fülle an Exponaten über die musikalische und filmische Vergangenheit des Viertels, geschlossen worden. Zurzeit laufen Verhandlungen, ob die Sammlung an anderer Stelle, vielleicht in den Räumen des *Museums für Hamburgische Geschichte*, wieder eröffnet wird.

Altonas herber Charme: von Fischern, Dichtern und Zigarrendrehern

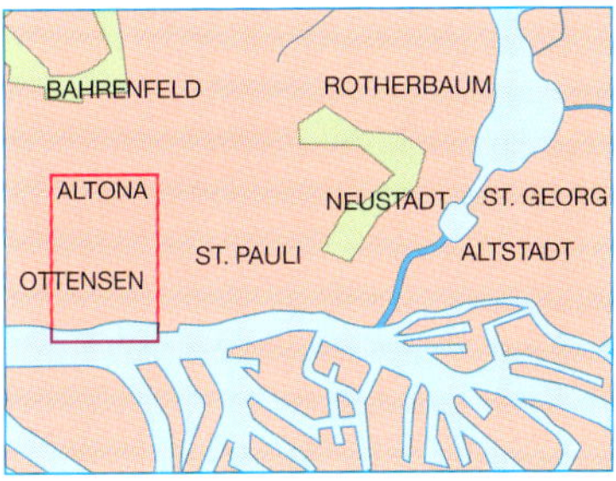

Platz der Republik – Grünfläche, Parkbänke, der Lärm der teilweise vierspurigen Max-Brauer-Allee sinkt auf einen erträglichen Pegel. Hier soll das **Zentrum** des Hamburger Bezirks Altona sein? Hier soll die Mitte der alten Stadt Altona liegen, die Hamburg in Sachen Seefahrt, Fischerei und Industrie über Jahrhunderte heftige Konkurrenz machte? Die Geschichte Altonas geht bis in das 13. Jh. zurück. Die Chroniken berichten, dass auf dem Gebiet westlich der Stadtgrenze Hamburgs ein Meierhof in ein Kloster umgewandelt wurde. Für das Jahr 1536 ist festgehalten, dass der Gastwirt Joachim von Lohe beim Schauenburger Landesherrn um die Genehmigung nachsuchte, Bier zu brauen und in der Gastwirtschaft ›Altona‹ auszuschenken. 1664 erhielt die Stadt, die mittlerweile zum Herrschaftsbereich der dänischen Krone gehörte, **Stadtrechte und Zollfreiheit**. Das Zentrum Altonas lag am *Nobistor*, das alte Rathaus stand am Rathausmarkt, der in der Königstraße aufgegangen ist. Mit dem Anschluss an Preußen Anfang des 19. Jh. war der rasante **Aufschwung Altonas** zur Industriestadt mit Hafen vorgezeichnet. Die Dörfer *Ottensen*, *Othmarschen* und *Bahrenfeld* wurden eingemeindet. Die Einwohnerzahl stieg nochmals an, als die ersten Dampfschiffe in Altona anlegten und die Fisch verarbeitende Industrie aufgebaut wurde. Das alte Stadtzentrum reichte da nicht mehr aus. Mit der Neuordnung der Bahnverhältnisse in Hamburg und in Altona ergab sich dann eine günstige Gelegenheit für die Stadtväter. Mit dem **Altonaer Bahnhof** (erbaut 1893–95), dem **Altonaer Rathaus** (1896–98) und der Anlage des **Platzes der Republik** (seinerzeit Kaiserplatz) schufen sie einen neuen Mittelpunkt. 1937 wurde Altona ein Bezirk der Hansestadt Hamburg.

Das alte Zentrum am Nobistor wurde während des Zweiten Weltkrieges fast vollständig zerstört. Restbauten fielen dann den Plänen der ›Neuen Heimat‹ zum Opfer. In den 70er-Jahren des 20. Jh. wurde die **Große Bergstraße**, die auf den Platz der Republik führt, zur gesichtslosen Fußgängerzone umgestaltet. Den **Hauptbahnhof** aus der Gründerzeit riss man kurzerhand ab und errichtete an dessen Stelle 1975–79 ein Bahnhofsgebäude mit eingegliedertem Warenhaus.

57 Altonaer Rathaus

Platz der Republik
S-Bahn Altona

Eines der wenigen historischen Gebäude in Altona. Erbaut 1896–98 mit einem Relief von Ernst Barlach an der Vorderfront.

Einen mächtigen Vierflügelbau ließen sich die Stadtväter als **neues Rathaus** am Südende des neuen Zentrumsplatzes in Altona bauen. Zu beachten ist das *Relief* im Giebel der Platzseite. Karl Gerbers und Ernst Barlach gestalteten ein Schiff, das in bewegter See dahinfährt – ein Symbol für die Stadt Altona. Beim Bau des Rathauses wurden Teile des Empfangsgebäudes des alten **Dänischen Bahnhofs** (Gottfried Semper) aus dem Jahre 1844 integriert. Hier endete im vergangenen Jahrhundert die Altonaer-Kieler Eisenbahn, die als Ostseebahn noch auf dänischem Territorium lag.

An die Zeit nach 1867, als Preußen die Herrschaft über Schleswig-Holstein und auch über Altona übernahm, erinnert das **Reiterstandbild von Kaiser Wilhelm I.** (1898). In den Grünanlagen wurde 1989 ein Kunstwerk des Amerikaners

Reiterstandbild von Kaiser Wilhelm I. vor dem Altonaer Rathaus

Sol LeWitt aufgestellt – der schwarze **Steinblock** soll an die Verschleppung Altonaer Juden durch die Nationalsozialisten erinnern.

58 Altonaer Museum

Museumstraße 23
S-Bahn Altona

Die Geschichte von Schiffen und Fischen.

Neben dem *Haus der Jugend* am Platz der Republik findet sich ein weiteres Gebäude, das nach Planung der Stadtväter zum Zentrumsplatz gehört: das Altonaer Museum. Nur noch wenige Elemente erinnern an den Bau aus den Jahren 1898 bis 1901, da das Museum 1945 zum großen Teil zerstört wurde. 1955 und 1967 durch zwei Neubauteile ergänzt, zeigt das Museum heute eine **sehenswerte Sammlung**, die Themen der Kulturge-

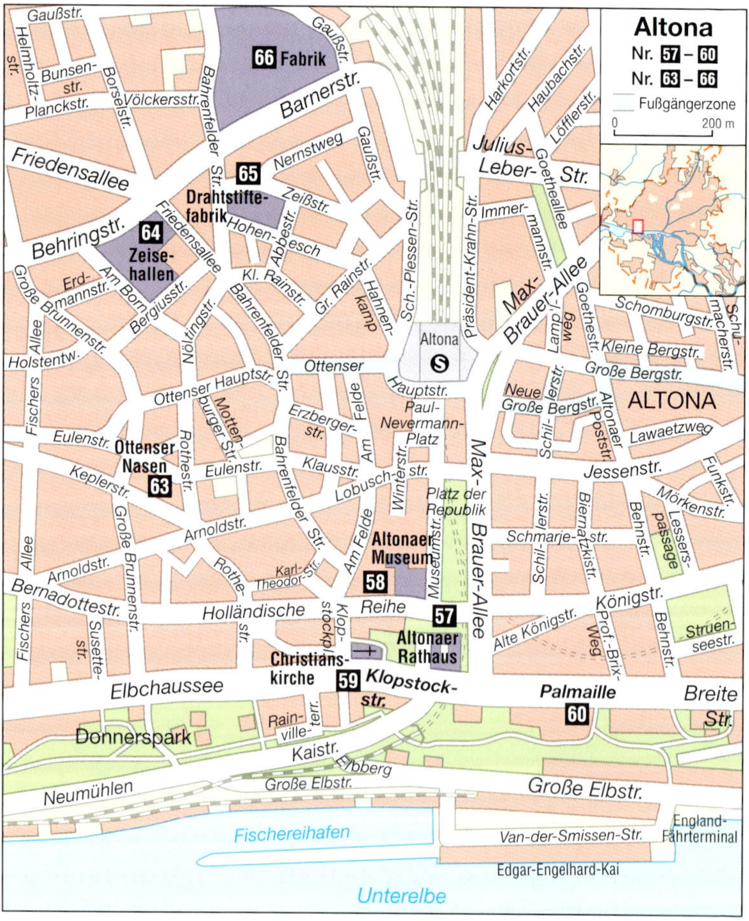

schichte und der Landeskunde aus dem gesamten norddeutschen Küstengebiet aufnimmt. Diese Vielfalt der Exponate erklärt sich aus einer einfachen Tatsache: Die Sammlung geht zurück auf eine private Museumsgesellschaft, die ab 1863 ihre Schätze ausstellte. Zu dieser Zeit gehörte Altona noch zu Schleswig-Holstein. In der **Abteilung Schifffahrt** kann der Besucher *Schiffsmodelle* bestaunen, die einen Überblick über die Entwicklung der Küsten- und Hochseefischerei geben. Ebenso erhält man einen Einblick in das Schiffbauhandwerk. Die **Abteilung Fischerei** erläutert anschaulich die verschiedenen *Fangmethoden,* bietet aber auch Schiffsmodelle, Seekarten und nautische Instrumente. Handwerksberufe, die mit der Schifffahrt zusammenhängen, wie die Reepschlägerei, die Schiffszimmerei und die Segelmacherei werden in einer weiteren Abteilung präsentiert.

26 Hausmodelle, 17 originale Bauernstuben, dazu eine Abteilung, die der **ländlichen Hauswirtschaft** gewidmet ist, sowie Sammlungen mit den Schwerpunkten Keramik, Textilien, Spielzeug und Gemälde verdeutlichen das Leben im norddeutschen Raum vom 17. bis 19. Jh. Lohnend ist der Besuch der **›Vierländer Kate‹**, die zu einem gemütlichen Speiserestaurant umgebaut wurde. In einer weiteren Abteilung wird die **Geschichte der Stadt Altona** dokumentiert.

Auf dem **Paul-Nevermann-Platz** zwischen Altonaer Museum und Bahnhof thront der monumentale, prachtvoll restaurierte *›Stuhlmannbrunnen‹*. Die Plastik stellt zwei Zentauren dar, die sich um einen Fisch streiten – eine Anspielung auf die Konkurrenz der Städte Altona und Hamburg.

Öffnungszeiten Altonaer Museum ***S. 128***

Über Schiffe, Fische und Hauswirtschaft wird man im Altonaer Museum informiert

59 Klopstockstraße mit Christianskirche

S-Bahn Altona, Königstraße

An der Christianskirche in der Klopstockstraße befindet sich das Grabmal des Dichters Friedrich Gottlieb Klopstock.

Nur wenige Meter östlich des Altonaer Rathauses, schon auf Ottenser Grund, zeigt sich die Umgebung der Christianskirche unvermittelt ländlich. In den Jahren 1735 bis 1738 wurde das Gotteshaus als **barocke Saalkirche** erbaut. Benannt

Ein Straßenname und sein Grab erinnern an Friedrich Gottlieb Klopstock

Einst Gartenhaus, heute Galerie: Hier lebte der Bankier Salomon Heine, Onkel des berühmten Dichters

wurde die Kirche nach Christian IV., dem dänischen König, der nicht nur Glückstadt an der Unterelbe ausbaute, sondern auch die Stadt Altona entscheidend förderte. 1946–1952 wurde die Kirche wieder aufgebaut, nachdem sie während des Zweiten Weltkrieges schweren Schaden davongetragen hatte.

Im *Inneren* der Kirche finden sich wertvolle Gegenstände aus mehreren Jahrhunderten: Ein gotländisches Kalksteinbecken im *Taufstein* aus dem Jahr 1744 sowie eine barocke *Kanzel*. In der Turmhalle entdeckt der Besucher *Holzkruzifixe* aus der Zeit um 1900.

Der **Friedhof** der Kirche, angelegt 1758, wurde 1954 in eine Grünanlage umgewandelt. Neben alten Grabsteinen findet sich hier die *Ruhestätte des Dichters Friedrich Gottlieb Klopstock* (1724–1803) sowie seiner ersten Frau Meta († 1758) und seiner zweiten Frau Elisabeth († 1821). Die Inschrift auf dem Grabmal seiner ersten Frau stammt von Klopstock selbst.

Obwohl der Lärm der Autos, die Richtung Elbchaussee fahren, den Eindruck erheblich stört, erinnern die **Hausfassaden** entlang der Klopstockstraße an das Ottensen des 19. Jahrhunderts. Die Häuser Nr. 2 bis Nr. 8 wurden 1797 erbaut, das Haus Nr. 3 im Jahr 1840. Martin Haller entwarf 1881 das Haus Nr. 5; die Häuser Nr. 11 und Nr. 25 stammen aus den Jahren nach 1840.

60 Palmaille

S-Bahn Königstraße

Eine klassizistische Prachtstraße.

Etwas weiter östlich, dort wo die Klopstockstraße in die Elbchaussee übergeht, steht das **Heine-Haus** (Elbchaussee Nr. 31), erbaut 1832. In dem Häuschen, welches Salomon Heine, dem Bankier und Onkel des Dichters *Heinrich Heine*, als Gartenhaus diente, befinden sich eine *Galerie* und *Ausstellungsräume*. Der Landsitz des reichen Mäzens und Kaufmanns Heine, ein Stück weiter elbabwärts, wurde 1880 abgerissen.

In westlicher Richtung geht die Klopstockstraße in die **Palmaille** über, benannt nach der Kugelspielbahn (ital. ›palla a maglio‹), die 1638/39 angelegt worden war. Hier schuf der dänische Architekt Christian Frederik Hansen, ein Bewunderer des Renaissance-Baumeisters *Palladio*, um das Jahr 1800 eine vornehme, in klassizistischem Stil gestaltete Häuserzeile. Das Haus **Nr. 116** mit der einem Tempel nachempfundenen Fassade errichtete Baumeister Hansen für sich selbst. Im ältesten erhaltenen Etagenhaus der Stadt (Nr. 100), erbaut 1870, lebte der Dichter Detlev von Liliencron (1844–1909).

Unterhalb der Palmaille, verbunden durch einen Park, liegt die **Große Elbstraße**. Lange verkehrten dort nur die großen Lastwagen der hier ansässigen

Fischhändler. Mittlerweile haben Unternehmen und Privatleute jedoch den Reiz der elbnahen Straße entdeckt. Neben modernen Büro- und Wohngebäuden haben sich hier auch interessante Geschäfte und neue Restaurants niedergelassen, darunter das ›Stilwerk‹ (Nr. 68), eine edle Passage für Möbel-Design, das ›Henssler&Henssler‹, ein Sushi-Lokal (Nr. 160) oder das ›Au Quai‹ (Nr. 145 b-d), ein Restaurant mit grandioser Aussicht über die Elbe. Extra-Tipp für den kleinen Hunger: Bei den Fischgroßhändlern am westlichen Ende der Großen Elbstraße können auch Privatleute frischen Fisch oder einen Snack kaufen.

61 Övelgönne

Am Elbstrand, ca. 5 km von der City entfernt
Bus 112

Ausflugsort am Elbstrand mit Museumshafen.

Übelgunst (= Övelgönne) würde heute niemand mehr dieses Dörfchen nennen, das sich auf 1 km Länge zwischen Elbstrand und dem steil ansteigenden Geestrücken verläuft. Hier gibt es nur eine einzige **Häuserzeile** aus ein- oder zweistöckigen Häuschen, die zum Teil noch aus dem 18. Jh. stammen (Nr. 65, 66, 70, 71 und 75, 88–89). Zu den Häusern gehört jeweils ein Stückchen Garten, das dem Elbstrand abgerungen wurde.

Gesiedelt haben in der ›Übelgunst‹, die ihren Namen den schwierigen Baubedingungen verdankt, Fischer. Nebenbei bewirtschafteten sie als Elbbauern Wiesen auf der anderen Seite des Flusses. Es folgten Lotsen, die hier mit Booten auf die Schiffe übersetzten, um sie sicher elbaufwärts zu geleiten. Im **Haus Nr. 13** hatte die Lotsenbrüderschaft – die erste wurde 1745 gegründet – ihren Versammlungsraum.

62 Museumshafen

Bus 112, Linie 62 (Schiff)

Interessante Sammlung gut restaurierter Segelschiffe und Nutzschiffe.

1977 schuf die private ›Vereinigung zur Erhaltung segelnder Berufsfahrzeuge‹ einen weiteren Anziehungspunkt in Övelgönne: den Museumshafen. In zwei kleinen Becken am Anleger Neumühlen ankern **liebevoll restaurierte Segelschiffe**. Darüber hinaus kann man dort auch täglich motorgetriebene Schiffe wie das Feuerschiff ›Elbe 3‹ (1888), den Dampf-

Ein schwimmendes Museum gibt es in Övelgönne, wo restaurierte Schiffs-Oldtimer zu besichtigen sind

schlepper ›Tiger‹ (1910) oder das Feuerlöschboot ›Walter Hävernick‹ (1932) besichtigen. Außerdem zu bestimmten Zeiten zugänglich: der Schwimm-Dampfkran *Saatsee*, eine Außenstelle des Museums der Arbeit [Nr. 79].

Öffnungszeiten Museumshafen und Schwimm-Dampfkran Saatsee ***S. 129***

63 Ottenser Nasen

S-Bahn Altona

Ottensen wurde vom Bauerndorf zum Industrieort und dann zum Szeneviertel.

Ottensen, heute ein Ortsteil des Hamburger Bezirkes Altona, ist viel deutlicher als Altona selbst ein Produkt der Industrialisierung ab 1850. Stark bäuerlich geprägt war die Siedlung vor der Grenze der Hafenstadt Altona, bis Maschinenfabriken, Fischfabriken und Werkstätten der Zigarrendreher hier angelegt wurden. Hier ließ sich ohne lästige Zollschranken für das Hamburger Umland produzieren. Deutlich zeichnen sich noch heute im verwinkelten Verlauf der Straßen die früheren Feldwege und Raingrenzen ab. Typisch für den Stadtteil sind daher die sog. **Ottenser Nasen**. Gemeint sind damit die Ecken der mehrgeschossigen Wohnbauten, die in die spitzen Winkel der alten Grundstücke gebaut wurden, um keinen Meter des teuren Grundes ungenutzt zu lassen. Ein Beispiel für eine solche Ottenser Nase findet sich an der **Ecke Arnoldstraße/Keplerstraße**.

Mottenburg die Ottenser ihren Stadtteil wegen der Lungenkrankheiten (Motten), die sich die Arbeiter ob der ungesunden Arbeitsbedingungen holten. Keine kulturhistorischen Sehenswürdigkeiten, dafür aber Stadtteilleben pur erwartet Passanten, wenn sie vom Altonaer Bahnhof durch die Fußgängerzone zum **Spritzenplatz** schlendern. Ein Abstecher lohnt sich zur Straße **Am Felde**, in deren alten Arbeiterwohnhäuser heute *Trödelgeschäfte* und *Antiquariate* zum Stöbern locken.

Der Platz **Bei der Reitbahn** zeigt die für Ottensen so typische Dreiecksform. Die katholische Kirche **St. Marien** und das **St. Ansgar-Stift** an dem Platz erinnern an die vielen ostdeutschen und polnischen Arbeiter, die in der zweiten Hälfte des vergangenen Jahrhunderts in den aufstrebenden Ort kamen. Das **Café Katelbach** (Große Brunnenstraße 60) ist wegen der fast vollständig erhaltenen Einrichtung im Jugendstil sehenswert.

Öffnungszeiten Café Katelbach ***S. 121***

Bezeichnend: ›Begegnung‹ heisst die Bronzeplastik auf dem Ottenser Spritzenplatz

64 Zeisehallen

Friedensallee
S-Bahn Altona, Bus 37

Industriekultur vom Feinsten, Veranstaltungszentren und Szenetreffs.

In den Zeisehallen wartet nicht nur das eindrucksvolle Szene-Restaurant **›Eisenstein‹** auf den Ottensen-Besucher. Die Hallen erinnern auch an die Tradition Ottensens als Industriestandort, handelt es sich doch um die **Schiffs-Schraubenfabrik Zeise**, die 1857 von Theodor Zeise gegründet wurde.

Aus den Bauten der Schiffs-Schraubenfabrik entwickelte sich ein **kulturelles Zentrum des Stadtteils**. Im ehemaligen Kontorhaus (Friedensallee Nr. 7) kam das *Filmhaus* unter. 1986–88 wurde dann das Restaurant Eisenstein eingerichtet. Im benachbarten Hallenkomplex befindet sich heute ein *Kino* sowie eine *kleine Passage* im postmodernen Stil. Auf der gegenüberliegenden Straßenseite, im ehemaligen Werk II, ist das *Medienhaus* untergebracht.

Zeisehallen in Altona – Wo sich früher Schiffsschrauben drehten, tobt heute das kulturelle Leben

65 Drahtstiftefabrik

Zeißstraße 28
S-Bahn Altona oder Bus 188

Wo einst Nägel mit Köpfen gemacht wurden …

Das Stadtteil-Archiv Ottensen übernahm neben allen Werkzeugen die **Drahtstiftefabrik Feldtmann**, die nach 100-jährigem Betrieb 1985 geschlossen wurde. Montag bis Freitag zwischen 10 und 16 Uhr kann die Einrichtung der Werkstatt besichtigt werden. Apropos: Drahtstifte sind die Arbeitsmittel, die landläufig als Nägel bezeichnet werden. Der Fachmann weiß: Ein Nagel wird geschmiedet, ein Drahtstift dagegen maschinell hergestellt.

Längst etabliert in Hamburgs Kulturszene: In der Fabrik finden Konzerte und Festivals statt

Die **Häuser Zeißstraße 31–49**, erbaut 1861–64, zeigen eine für die frühen Arbeiterquartiere typische Bauform. Drei Türen finden sich in der Fassade der Häuser – die beiden äußeren führen in je eine ›Bude‹, einen Wohnraum im Erdgeschoss des Hauses. Die mittlere Tür führt über eine Treppe in den ›Sahl‹ im ersten Stockwerk des Hauses.

Ganz in der Nähe, in der Straße **Hohenesch**, steht auf dem Hinterhof des Hauses **Nr. 70** ein *Doppelschornstein*, der an die früher so zahlreichen Fischräuchereien in Ottensen erinnert.

Wer wissen will, wie man Nägel mit Köpfen macht, besucht am besten die Drahtstiftefabrik in Ottensen

66 Fabrik

Barnerstraße 36
S-Bahn Altona, Bus 188

Legendäre Konzerthalle und Stadtteilzentrum.

Unübersehbar präsentiert sich die Fabrik in der Barnerstraße – dort, wo ein Kran aus dem rosafarbenen Gebäude ragt, finden nicht nur Rock- und Jazzkonzerte statt. Hier wird werktags für den Stadtteil wichtige *Sozial- und Jugendarbeit* geleistet. Die Fabrik war der erste Ort in Deutschland, in dem dieses kombinierte Konzept ausprobiert wurde.

Die Fabrikhalle, in der Maschinen zur Holzbearbeitung hergestellt wurden, stand 1971 zum Verkauf. Ein Verein übernahm das Gebäude und baute es zum **Veranstaltungszentrum** aus. 1977 war die Fabrik schon derart etabliert, dass sie nach einem Brand schließlich wieder aufgebaut wurde. Man übernahm dabei auch die *Holzkonstruktion* des Gebäudes und behielt die Raumaufteilung mit Mittelschiff und den dreigeschossigen Seitenschiffen bei. So ist die Fabrik auch **Denkmal einer Industriekultur**, die an die Konzeption sakraler Bauten erinnert. Die *Krananlage*, auf die der Besucher der Fabrik am Eingang trifft, stammt aus der Maschinenfabrik Menck & Hammbrock, die bis zum Abriss in unmittelbarer Nachbarschaft stand.

Viertel westlich der Außenalster: das weiße Hamburg

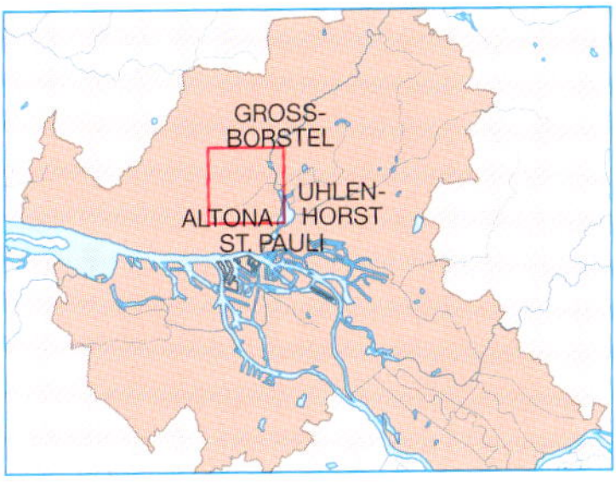

Wo wohnen die begüterten Hamburger? An der Elbchaussee und in Blankenese. Vergessen wird dabei, dass Hamburg mit dem Westufer der Außenalster eine weitere ›Schokoladenseite‹ zu bieten hat. Da ist das **Alstervorland**, eine gepflegte Grünfläche unmittelbar am Binnensee. An die Parkanlage schließen sich die prachtvollen **weißen Villen** an, die Reeder und Bankiers um die Jahrhundertwende erbauen ließen. Umrahmt wird das ganze von den Stadtteilen **Rotherbaum, Harvestehude** und **Eppendorf** – Viertel, die um 1900 großzügig ausgebaut wurden. Bombenschäden – wie in den Arbeitervierteln östlich der Alster – hat es hier kaum gegeben. War es in den 60er-Jahren des 20. Jh. schick, sich in den Randgebieten der Stadt einen Bungalow zu bauen, kamen seit Mitte der 70er-Jahre die großen, citynahen *Altbauwohnungen* wieder in Mode. Und so wurde erst saniert, danach verkaufte man die edel renovierten Räume als teure Eigentumswohnungen.

67 Dammtorbahnhof

Theodor-Heuss-Platz
S-Bahn Dammtor

Ein Bahnhof der Begüterten im Jugendstil.

Wie ein repräsentatives Eingangstor zum ›Viertel der Reichen‹ wirkt der Dammtorbahnhof. Hamburg bekam zu Beginn unseres Jahrhunderts nicht nur den Hauptbahnhof. Für die so genannten besseren Herrschaften, die von hier aus bequem ihre Villen westlich der Alster erreichen konnten, wurde auf der Bahnstrecke Hamburg–Altona der Dammtorbahnhof errichtet. Hier stieg Kaiser Wilhelm II. aus, wenn er die Hansestadt besuchte. Der Kaiser logierte in der *Preußischen Gesandtschaft*, die in einer der Villen am Ufer der Außenalster untergebracht war. Der Bahnhof, der nach

Schöner Wohnen – reiche Reeder ließen sich um die Jahrhundertwende ihre weißen Villen an der Außenalster errichten

dem Dammtor – dem Stadttor Hamburgs Richtung Norden – benannt ist, wurde 1901–03 im Stil Berliner Bahnhöfe errichtet. Eine **Empfangshalle** liegt neben Geschäften und Betriebsräumen im Erdgeschoss. Die hoch gelegene **Gleisanlage**, die über eine Treppe zu erreichen ist, wird von einer Halle überwölbt – dieses Bauprinzip findet man auch im Bahnhof Berlin-Friedrichstraße. In der **Fassade**, die Jugendstilornamente schmücken, findet sich ein *Hamburgwappen*, umgeben von Symbolen des Handels, der Bahn und der Schifffahrt.

68 Congress Centrum Hamburg (CCH)

St. Petersburger Straße 1
U-Bahn Messehallen, S-Bahn Dammtor

Tagungsräume und das höchste Gebäude der Stadt.

Pünktlich zur Internationalen Gartenbau-Ausstellung 1973 war nach dreijähriger Bauzeit das Congress Centrum Hamburg (CCH) fertig. Säle für **Kongresse** und andere Veranstaltungen, u.a. auch große **Rockkonzerte**, stehen zur Verfügung. Der mächtige Baukomplex besitzt beinahe 20 große Veranstaltungsräume, darüber hinaus gibt es große Projektoren für Film und Fernsehen sowie Tonübertragungs- und Dolmetschanlagen. Darüber erhebt sich der 110 m hohe *Hotelturm* des

Grün und mit plattdeutschem Namen versehen: Im Erholungsgebiet ›Planten un Blomen‹ kann man mitten in der City relaxen

Zweckbau für Tagungen – das Congress Centrum Hamburg (CCH) mit Fernsehturm und Segelboot auf Rädern

›Radisson‹, des höchsten Gebäudes der Stadt. Mit mehr als 1000 Betten ist das ›Radisson‹ das größte Hotel Hamburgs.

69 Planten un Blomen

St. Petersburger Straße
U-Bahn Messehallen, Stephansplatz und S-Bahn Dammtor

Ein großer Garten mitten in der City.

›Pflanzen und Blumen‹ – eine treffende Bezeichnung für ein **Erholungsgebiet** nahe der Innenstadt. Die Parkanlage verläuft entlang der alten Befestigungsanlage der Stadt aus dem 17. Jh. Den weiteren Verlauf der Wallanlagen zeigen auf dem Stadtplan deutlich die Straßen Steintorwall, Klosterwall, Glockengießerwall, Esplanade, Gorch-Fock-Wall und Holstenwall. Von 1863 bis 1930 befand sich auf dem Gelände Hamburgs erster Zoologischer Garten; Direktor war Alfred Brehm, der hier sein berühmtes ›Tierleben‹ schrieb.

Angelegt wurde ›Planten un Blomen‹ in den Jahren 1934/35 von Karl Plomin anlässlich der Niederdeutschen Gartenschau. 1953, 1963 und zuletzt 1973 fanden hier die **Internationalen Gartenbauausstellungen** statt. Der durch viele Wasseranlagen aufgelockerte Garten wurde zu jeder dieser Schauen neu gestaltet. Originelle Highlights der Anlage sind das Tropenhaus mit seinen exotischen Pflanzen, der Apotheker- und Rosengarten und Europas größter Japani-

Idylle auf Wasser und Eis

Der idyllische Park ›Planten un Blomen‹ in der Hamburger Neustadt bietet mehr als Pflanzen und Blumen: Wer an Sommerabenden noch kein festes Programm hat, kann hier die romantische Wasserlichtorgel bestaunen. **Farbige Wasserlichtkonzerte** *finden von Mai bis Ende August um 22 Uhr und im September um 21 Uhr statt. Am Nachmittag zwischen 15 und 17 Uhr erklingen im Pavillon von Mai bis September* **Konzerte** *von Jazz-Bands, dem Polizeiorchester sowie in- und ausländischen Folklore-Gruppen. Im Winter geht's in ›Planten un Blomen‹ sportlich zu: Jung und Alt, Profis und Amateure treffen sich zum Schlittschuhlaufen.*

Das Budge-Palais war Anfang des 20. Jh. kultureller Mittelpunkt der Hamburger Gesellschaft. Heute ist hier die Hochschule für Musik und Theater untergebracht

scher Garten. Von Mai bis Ende August lädt jeweils dienstags und sonnabends von 15–18 Uhr das Japanische Teehaus zum Verweilen ein.

70 Alstervillen

S-Bahn Dammtor, U-Bahn Hallerstraße

Schmucke Villen am Binnensee.

Schon seit der Zeit um 1800 bauten reiche Hamburger Bürger entlang des **Ufers der Außenalster** ihre Landsitze. Um 1850 war das Gebiet verkehrsmäßig so gut erschlossen, dass die Villen ganzjährig als Wohnsitz genutzt wurden.

Sieht man die Villa am Alsterufer Nr. 25–27 (1880, Martin Haller), so wird klar: Auch Hamburg hat ein **›Weißes Haus‹**. Nach dem Zweiten Weltkrieg nahm das *Generalkonsulat* der USA dort seinen Sitz. 1950 ließen die neuen Hausherren vor dem Haupteingang einen *Säulenvorbau* errichten, der dem Bau eine entfernte Ähnlichkeit mit dem *Regierungssitz des amerikanischen Präsidenten* gibt. Ab 1891 wohnte hier Anton Riedemann, Begründer der ›Deutsch-Amerikanischen Petroleum-Gesellschaft‹, aus der die Firma ›Esso‹ hervorging.

Wie eine englische Burg aus der Zeit der Gotik wirkt die Villa am Harvestehuder Weg Nr. 5–6, die Jean David Jolasse 1848 erbaute. Das Gebäude wurde nach seinem ersten Besitzer, dem Reeder *Robert M. Sloman*, **›Sloman-Burg‹** genannt. Die Villa ist der älteste erhaltene Bau an der Alster und das erste Haus, das nicht nur als Landsitz, sondern als ständiger Wohnsitz genutzt wurde. Robert M. Sloman, ein Engländer, gründete in Hamburg eine Reederei, die noch heute an der Straße Baumwall direkt am Hafen Geschäfte tätigt. Die Sloman-Reederei ist die älteste Privatreederei Deutschlands.

In der neoklassizistischen Villa am Harvestehuder Weg 8 (Albert Rosengarten, 1872) logierten Bismarck und Kaiser Wilhelm II., wenn sie in Hamburg zu Besuch waren. Unter den Nationalsozialisten war die Villa Sitz des SS-Oberabschnitts Nord-West.

Der Schiffsmakler Ivan Gans beauftragte *Martin Haller*, den bedeutendsten Architekten Hamburgs Ende des 19. Jahrhunderts, mit dem Bau der größten Villa an der Alster (Harvestehuder Weg Nr. 12). 1903 kaufte der Bankier Henry Budge das Anwesen, um hier mit seiner Frau Emma, einer gebürtigen Hamburgerin, den Lebensabend zu verbringen. Schnell wurde das **Budge-Palais**, das über *Ausstellungsräume* und einen *Theatersaal* verfügte, zu einem kulturellen Mittelpunkt der Hamburger Gesellschaft. 1937, nach dem Tod Emma Budges, richtete der NSDAP-Gauleiter Kaufmann hier seine Reichsstatthalterei ein, obwohl Emma Budge das Haus der US-Regierung bzw. der Israelitischen Ge-

An edlen Lokalen ist im Stadtteil Pöseldorf kein Mangel. Die ehemalige ›Armeleutegegend‹ wurde in den 60er-Jahren des 20. Jh. zur teuren Wohngegend für die Schickeria ausgebaut

meinde vererbt hatte. 1957 übernahm die Hansestadt die Villa von den Budge-Erben. Das Gebäude wurde mit einem Anbau zur **Hochschule für Musik und Theater** umgebaut. Der *Spiegelsaal*, der bei den Umbaumaßnahmen weichen musste, wurde 1987 im Museum für Kunst und Gewerbe [s. S. 38] aufgebaut.

71 Pöseldorf

U-Bahn Hallerstraße

Boutiquen und Bistros zwischen Alsterchaussee und Mittelweg.

Der Name Pöseldorf stammt vom Anfang des 19. Jh. und erinnert spöttisch an die damaligen Bewohner, durchweg einfache Leute, die dort ›herumpöselten‹, auf hochdeutsch werkelten. Von Hamburgern wird der Stadtteil inzwischen als *›Schnöseldorf‹* verspottet, denn Pöseldorf avancierte seit den 1960er-Jahren zur schicken Wohngegend. Einst war dieses Viertel Gegend der ›einfachen Leute‹. Eduard Brinkama baute den Stadtteil aus und schuf so eine **Einkaufs- und Vergnügungsstätte** für die Schickeria. Man findet hier exquisite Antiquitätenläden, Modegeschäfte und eine ungewöhnlich große Anzahl an Restaurants und Edel-Kneipen.

In der Milchstrasse Nr. 1 ist die gleichnamige ›Verlagsgruppe Milchstraße‹ ansässig, die u.a. die Zeitschriften ›Fit for Fun‹, ›Max‹ und ›Tomorrow‹ herausgibt. Die vielen bunten Kühe, welche die Milchstrasse und Umgebung schmücken, sind übrigens eine auf mehrere Jahre angelegte, von der Verlagsgruppe Milchstraße organisierte Ausstellung.

72 Universität

Zwischen Edmund-Siemers-Allee und Grindelhof
S-Bahn Dammtor und U-Bahn Hallerstraße

Die viertgrößte Universität Deutschlands.

Erst 1919 fasste die Hamburger Bürgerschaft den Beschluss, eine Universität in der Hansestadt zu gründen. Zum Kern der Universität wurde das Gebäude Edmund-Siemers-Allee 1, das der Reeder Edmund Siemers 1909–1911 für das ›Allgemeine Vorlesungswesen‹, einen Vorläufer der Universität, bauen ließ.

Der Bau im spätbarocken Stil besitzt eine Putzfassade sowie eine kupfergedeckte Kuppel. Die **Hauptfassade** richtet sich dem Dammtorbahnhof und damit der Innenstadt an der Binnenalster zu. Die Erweiterungsbauten der Universität, die in den 1950er- und 60er-Jahren notwendig wurden, fanden hinter dem Hauptgebäude, im Bereich zwischen Grindelhof und Schlüterstraße, Platz.

Kunst von A.R. Penck an der Brandmauer der Staats- und Universitätsbibliothek

Eindrucksvoll ist der 52 m hohe **Philosophenturm** (1957–62, Paul Seitz). Im Hörsaal D des Philosophenturms findet sich das *Triptychon* ›Thermopylae‹ des Künstlers Oskar Kokoschka aus dem Jahr 1954. Vor dem Hörsaal erinnert eine *Büste* an den Philosophen Ernst Cassirer, der 1929/30 zum ersten jüdischen Direktor einer deutschen Hochschule bestellt wurde.

Aussicht ohne Ende

Einen weiten Blick über Hamburg und den Hafen – den hat man vom **Fernsehturm** *(Rentzelstraße), vom* **Planetarium** *(Stadtpark) oder vom ›Michel‹ (Krayenkamp). Wer es unkonventionell – und kostenlos – mag, kann aber auch in den 12. Stock des* **Philosophenturms** *der Universität (Von-Melle-Park) fahren und von dort eine weite Aussicht genießen.*

Edel – und nicht ganz billig – geht es im **Hotel Hafen Hamburg** *(Seewartenstraße) zu. Bei einem Drink in der stilvollen Bar des Hauses schweift der Blick über die romantischen Lichter des Hafens.*

73 Museum für Völkerkunde

Rothenbaumchaussee 64
S-Bahn Dammtor und U-Bahn Hallerstraße

Ausstellung von Kulturzeugnissen europäischer und außereuropäischer Völker in Jugendstil-Ambiente.

Das Völkerkundemuseum gilt als Ausdruck der Weltoffenheit Hamburgs. Es wurde 1879 gegründet und befindet sich seit 1915 in dem eindrucksvollen Bau an der Rothenbaumchaussee. Im **Erdgeschoss** sind die Abteilungen Afrika, Ägypten, Europa und Vorderer Orient ausgestellt. Einführungen zu den jeweiligen Themenkreisen vertiefen das Verständnis der gezeigten Kunst und Gewerbeobjekte.

Das **obere Geschoss** widmet sich den Kulturkreisen von Südsee, Süd- und Ostasien, Amerika und Indonesien. Das Gebäude wurde zwischen 1907 und 1911 von Albert Erbe errichtet.

Öffnungszeiten S. 129

74 Joseph-Carlebach-Platz

Bus 102 (Grindelhof)

Erinnerung an das jüdische Leben im Grindelviertel.

Das Grindelviertel um die Grindelallee war in den 1920er-Jahren das **Zentrum der jüdischen Gemeinde** in Hamburg. Rund 70% der 25 000 Mitbürger jüdischen Glaubens lebten hier. Während der NS-Zeit wurden diese Mitbürger vertrieben, später deportiert. Sammelpunkt für die Schreckenstransporte war übrigens die Moorweide nahe dem Hauptgebäude der Universität. Hier erinnert der **›Platz der jüdischen Deportierten‹** an die Gräueltaten der NS-Zeit.

Im Bereich des 1989 neu angelegten Joseph-Carlebach-Platzes stand die **Hauptsynagoge** der jüdischen Gemeinde. In Erinnerung an das Gotteshaus wurde der Grundriss in die Pflasterung des Platzes eingearbeitet. Die 1904 bis 1906 erbaute Synagoge war das erste freistehende Gotteshaus, das sich jüdische Mitbürger in Hamburg errichten durften. Vorher waren Synagogen nur unauffällig auf Hinterhöfen eingerichtet worden. Während der Pogromnacht 1938 war die Synagoge in Brand gesteckt worden, 1939/40 riss man das Gotteshaus ab.

Eine Erinnerung an das rege Leben der jüdischen Gemeinde Hamburgs stellt auch die **Talmud-Tora-Schule** dar; sie wurde 1909 bis 1911 erbaut. Hier ist heute die Fachhochschule für das Bibliothekswesen untergebracht. 1939 wurde die Schule geschlossen. Vor der NS-Zeit zählte die Ausbildungsstätte zu den bedeutendsten Schulen des orthodoxen Judentums in Deutschland. Nach ihrem Direktor Dr. Joseph Carlebach, der im Getto Riga ermordet wurde, ist der Platz benannt.

Einen Abstecher lohnen die Straßen **Durchschnitt** und **Grindelweg**. Hier finden sich um die Jahrhundertwende angelegte, gründerzeitliche *Arbeiterquartiere*. In ihrer zwei- bzw. dreigeschossigen Bauweise, dem kleinen Vorgarten und der dörflich anmutenden Straße geben sie einen Eindruck von den Gebäuden, die an die Stelle der engen, lichtlosen Arbeiterquartiere der Innenstadt (Gängeviertel) treten sollten. Sehenswert auch der Bereich **Rutschbahn, Heinrich-Barth-Straße** und **Rappstraße** westlich der Straße Grindelhof. Hier werden aufgrund der einheitlichen Fassadenreihen immer wieder Aufnahmen für historische Filme, die in den 20er- und 30er-Jahren des 20. Jh. spielen, gedreht.

Exotische Erlebniswelt: Figur der indischen Gottheit Adhanari im Museum für Völkerkunde

75 Grindelhochhäuser

Grindelberg/Hallerstraße
Bus 102

Die ersten Hochhäuser Deutschlands.

Auch Hochhäuser können unter Denkmalschutz stehen. Den Beweis treten die zwölf Grindelhochhäuser an, die acht bis vierzehn Geschosse haben. 1946 wurde von Bernhard Hermkes mit dem Bau der **Hochhäuser auf dem Grindelberg** begonnen. Sie sollten der britischen Militärregierung als Sitz dienen. Da aber kurz nach Baubeginn die Entscheidung für Frankfurt als gemeinsamer Sitz der Verwaltung der vereinigten drei Westzonen fiel, stockte das Projekt bis 1949. Die Hochhäuser wurden schließlich bis 1956 von der Stadt Hamburg fertig gestellt. Die modernen Wohnungen und die hellen Ateliers erregten seinerzeit großes Aufsehen. Ebenso wie die Frage der Zeitung ›Hamburger Abendblatt‹ an die Mieter der obersten Stockwerke: »Werden Sie nicht seekrank?« Denn bei Wind sollen die Spitzen der Häuser angeblich leicht schwanken.

76 Isestraße und Jungfrauenthal

U-Bahn Klosterstern, Hoheluftbrücke

Jugendstil-Träume und Markttreiben.

Mit den Grindelhochhäusern nördlich der Hallerstraße beginnt der Hamburger Stadtteil **Harvestehude**. In diesem Namen ist die Erinnerung an das Kloster Harvestehude erhalten, das seit dem Jahr 1293 am Nordende der Außenalster lag. 1866 übernahm ein so genanntes Klosterlandkonsortium den gesamten Besitz nördlich der Hallerstraße. Man legte hier Straßen, Parks und erste Wohnbauten an, und so entstand rund um den **›Innocentiapark‹** ein Wohnviertel für Begüterte; die Ansiedlung von Industrie oder Kleingewerbe auf den Hinterhöfen war ausdrücklich untersagt. Bis in unser Jahrhundert hinein wurde Straße für Straße mit Mietsbauten oder auch Einzelvillen im Stil der Zeit bebaut.

Besonders schöne Häuserzeilen im Jugendstil sind in der Straße **Jungfrauenthal**. Die Isestraße wurde nach der Kanalisierung der Isebek 1906 angelegt. Einheitliche Jugendstilfassaden sieht der Besucher vor allem im nördlichen Bereich der Straße. 1909 bis 1912 wurde

Wer diese Tür passiert, muss ihr einfach einen Blick gönnen: Viele solcher kunstvollen Eingänge im Jugendstil findet man in Isestraße und Jungfrauenthal

im unteren Bereich, zwischen Eppendorfer Baum und Hoheluftchaussee, ein **Hochbahnviadukt** angelegt. Unter den S-Bahnbögen findet jeweils dienstags und freitags vormittags ein viel besuchter Wochenmarkt, der **Isemarkt,** statt. Ganz in der Nähe, rund um den **Eppendorfer Baum**, sind zahlreiche hübsche Geschäfte und Boutiquen für den besonderen Geschmack.

77 Falkenried-Terrassen

U-Bahn Hoheluftbrücke

Größte in Hamburg erhaltene Terrassenbebauung.

Nordwestlich der Isestraße beginnt der Bereich Eppendorfs und des Stadtteils Hoheluft, in dem sich Wohnbebauung wieder mit Industrieanlagen und Gewerbebetrieben mischt. Ein Beispiel dafür

Oben fährt die Bahn, unten wird Gemüse an den Kunden gebracht: Der beliebte Isemarkt bietet dienstags und freitags frische Waren aus dem Hamburger Umland an

Sehr persönlich kann die Beziehung zwischen Mensch und Tier bei ›Hagenbeck‹ werden, denn: Hier gibt es keine Gitterstäbe, die der Freundschaft Grenzen setzen

sind die Falkenried-Terrassen. Für die Arbeiter der Straßen- und Eisenbahngesellschaft wurden zwischen 1890 und 1903 die Terrassen zwischen Falkenried und der Löwenstraße errichtet. Es handelt sich um dreigeschossige **Hinterhaus-Doppelreihen**, die seinerzeit aufgrund ihrer lichten Bauweise als vorbildlich galten. Die Falkenried-Terrassen sind die größte Wohnanlage dieser Art, die in Hamburg erhalten blieb.

78 Hagenbecks Tierpark

Eingang Lokstedter Grenzstraße 2
U-Bahn Hagenbecks Tierpark

Eine weltberühmte ›Hamburgensie‹.

›Gehn wir mal zu Hagenbeck‹ – das sagen die Hamburger schon seit Generationen und meinen damit einen sonntäglichen Besuch in Hamburgs traditionsreichem Familienunternehmen, dem Tierpark Carl Hagenbeck. 1848 hatte der Fischhändler Gottfried Clas Carl Hagenbeck damit begonnen, *Seehunde* auf dem **Spielbudenplatz** in St. Pauli gegen Geld einem Publikum zu präsentieren. Die Tiere hatten ihm Fischer statt des versprochenen Fanges gebracht, da die Seehunde ihnen die Netze zerrissen hatten. Den Leuten gefiel es, und Hagenbeck stellte bald auch *exotische Tiere* aus. Zum Tierparkdirektor und bedeutenden Tierhändler, der eigene Expeditionen ausrichtete, wurde Sohn Carl Hagenbeck. Er hatte die Dressur der Tiere revolutioniert. Wurden die wilden Tiere bis dahin in dunklen, engen Käfigen eingepfercht und brutal gefügig gemacht, führte Carl Hagenbeck die erste *artgerechte Haltung und Dressur* durch Belohnung ein. Sensationen waren die ›**Völkerschauen**‹, für die Hagenbeck wahlweise Eskimofamilien, Lappen oder afrikanische Eingeborene in die Hansestadt brachte, die dann vor dem Publikum ihre alltägliche Lebensweise, z. B. Kochen oder Zeltaufbau, vorführten.

Um die Jahrhundertwende erwarb Carl Hagenbeck das heutige Gelände des Tierparks in **Stellingen**. Hier konnte er genügend Land erwerben, um seinen Traum zu verwirklichen. Er baute so weit wie möglich den *natürlichen Lebensraum* seiner Tiere nach. Eindrucksvoll für die Besucher: Der Zoo kam – und kommt ohne schwere Gitter und Schutzzäune aus, da durch einen einfachen, für die Betrachter kaum entdeckbaren Graben den Tieren ein Ausbruch unmöglich gemacht wurde. Dieses Modell des Tierparks Hagenbeck wurde weltweit kopiert.

Präsentiert werden heute 2500 Tiere in einer herrlichen **Parklandschaft**. Neben den Schaufütterungen, einem Troparium und dem Elefantenreiten sind im Mai/Juni die **Dschungel-Nächte** mit Musik und Tanz die besondere Attraktion.

Öffnungszeiten S. 126

Viertel östlich der Außenalster: Villen im Grünen

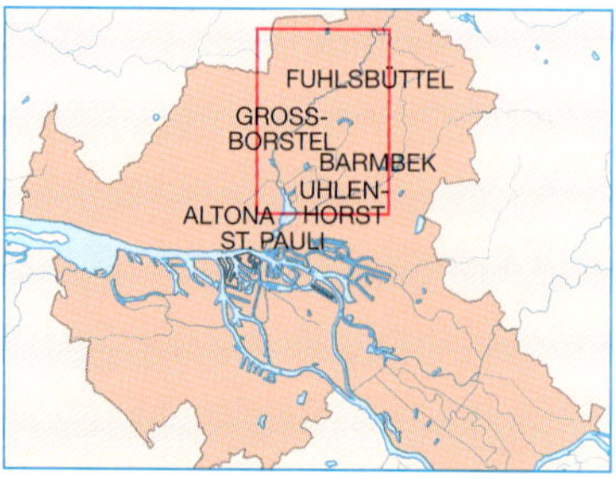

Das Areal ›östlich der Außenalster‹ erstreckt sich nördlich der Kennedybrücke über die einstigen Dörfer und heutigen Stadtteile **Uhlenhorst** und **Winterhude** bis nach **Barmbek** erstreckt. Wie am Westufer, so dominieren auch entlang der östlichen Uferpromenade vornehme weiße Villen.

Bis zur Mitte des 19. Jh. bedurfte es einer langen Fahrt, um zu den Bauerndörfern Uhlenhorst und Winterhude zu kommen. Hier lag die *Kornkammer* Hamburgs, hier wurde die Milch für den täglichen Bedarf der Stadt gewonnen. Auf Ewern schifften die Bauern ihre Waren über die Alster in die Stadt. Erst nach Aufhebung der Torsperre 1860/61 zogen die Hanseaten aus der damaligen eigentlichen Stadt in die fast unbewohnten Gebiete entlang der Außenalster. Mit dem **Ausbau der Kanäle** siedelte sich auch die Industrie an.

Doch während sich die betuchten Kaufleute westlich der Alster niederließen, galt der Osten noch lange als wenig vornehme Gegend. »Die Alster trennt so ungemein«, fanden die Damen der feinen Gesellschaft aus Harvestehude noch vor 100 Jahren. Und sie meinten damit, dass es gut sei, wenn ihre ›höheren‹ Töchter von den ›windigen‹ Überseekaufleuten sowie dem niederen Volk aus Uhlenhorst fern gehalten wurden.

Einer der ersten, der auch die östlichen Gebiete für die Oberschicht erschloss, war der Goldschmied *Johann Friedrich Sierich*. Sein Sohn Adolf war bis um die Jahrhundertwende einer der größten Großgrundbesitzer in Winterhude. Ihm gehörte das Land rund um den **Leinpfadkanal**, wo später die edlen weißen Villen gebaut wurden. Sein Jagdforst war der heutige Stadtpark. Noch heute erinnern die Straßennamen Sierichstraße, Agnesstraße, Dorotheenstraße und Maria-Louisen-Straße an den Geschäftsmann und die weiblichen Angehörigen der Familie.

Während Uhlenhorst und Winterhude mittlerweile zu den begehrtesten Wohngegenden der Stadt zählen, haftet Barmbek für viele Hamburger noch immer der Ruf eines Arbeiterviertels an. In ›Armbek‹, wie man den Stadtteil früher spöttisch nannte, wurden Ende des 19. Jh. mit der Beseitigung der Arbeiterwohngebiete im Freihafen verstärkt Werktätige angesiedelt. Von 1800 Einwohnern im Jahre 1855 stieg die Bevölkerungszahl rapide auf 225 000 im Jahre 1938 an. Klar, dass sich hier seit 1987 das **Museum der Arbeit** befindet. Als ›rotes Hamburg‹ wird Barmbek nicht nur aus politischen Gründen bezeichnet. Die in den 20er-Jahren des 20. Jh. errichteten Wohnquartiere – großzügig und hell angelegt – sind fast ausnahmslos Bauten aus rotem Backstein. Als Grünfläche für die Wohnquartiere schuf Hamburgs sozialpolitisch engagierter Oberbaudirektor Fritz Schumacher von 1912–14 den **Stadtpark**, ein 180 ha großes Erholungsgebiet.

Nördlich vom Stadtpark trifft man wieder auf den Flusslauf der Alster, deren Quelle einige Kilometer weiter nahe dem schleswig-holsteinischen Ort Henstedt-Ulzburg entspringt. Der von der Binnenalster bis zur Quelle den Fluss begleitende, insgesamt 56 km lange **Alsterwanderweg** führt ab der Fuhlsbütteler Schleuse hinauf in den idyllischen Norden Hamburgs. Nur ein Stück zu Fuß, mit dem Rad oder Boot – und man ist mitten auf dem Land!

Im Museum der Arbeit wird die Vergangenheit lebendig – Handelskontor des 19. Jh.

79 Museum der Arbeit

Wiesendamm 3
U-/S-Bahn Barmbek

Der Wandel von Lebens- und Arbeitsalltag im Industriezeitalter

In der 1908 errichteten Fabrik der *New York-Hamburger Gummi-Waaren Compagnie* befindet sich das **Museum der Arbeit**. Gezeigt wird eine überaus sehenswerte Sammlung, die die Geschichte der Arbeit in der Hafenstadt dokumentiert. Am Beispiel der Gummi-Waaren Compagnie wird die Arbeit in einem Hamburger Fabrikbetrieb dargestellt. Zudem werden zahlreiche Produkte aus Hartgummi – von der Madonnenfigur bis zur Gebissprothese – gezeigt. In ›Frauen und Männer: Arbeits- und Bilderwelten‹ sieht man typische Arbeitsorte wie Heringsfiletiermaschinen und Räucherofen, in der Abteilung ›Arbeit im Kontor‹ ein Büroensemble um 1900. Die Abteilung ›Grafisches Gewerbe‹ zeigt alte Druckmaschinen, Gießinstrumente und Lettern. Zu dieser Ausstellung gehören auch einige Werkstätten, in denen noch immer an den historischen Maschinen gearbeitet wird. Komplettiert werden die Abteilungen durch Exponate aus dem Arbeitsalltag wie Telefon und Kontrolluhr, Spuckfläschchen für Tuberkulosekranke und den altbewährten Henkelmann.

Öffnungszeiten S. 129

TOP TIPP 80 Schöne Aussicht

Schöne Aussicht
U-Bahn Mundsburg, weiter zu Fuß über Uhlenhorster Weg

Die Grünanlagen zwischen der Außenalster und der Straße Schöne Aussicht sind, wie der Name besagt, ein besonders hübscher Abschnitt zum Spazierengehen.

Entlang der Schönen Aussicht schließt sich die westliche Rundung der Außenalster in Höhe von Schwanenwik. Man hat darum bei klarem Wetter von hier aus einen reizvollen Blick auf die ›Skyline‹ der City an der Binnenalster. Welcher Platz in Hamburg wäre besser geeignet, um offizielle Gäste repräsentativ unterzubringen? Am idyllischen Feenteich steht das **Gästehaus des Senats** (Schöne Aussicht Nr. 26). Seit 1965 residieren in der 1968 von Martin Haller für einen Baustoffhändler errichteten Villa prominente Politiker und Staatsoberhäupter aus aller Welt, die in der Hansestadt weilen. Der weltoffene Charakter Hamburgs zeigt sich auch in einem weiteren Bau: Nr. 36 ist die **Ali Camii-Moschee** der 13 000 Mitglieder starken iranisch-schiitischen Gemeinde. Sie wurde 1963–69 errichtet.

Hinter der Moschee mündet die Außenalster in die Ausbuchtung **Langer Zug**, an die sich der Osterbek-Kanal anschließt. Ein ›Umweg‹, der den Spaziergänger über die Straße Am Langenzug – vorbei am Anleger Mühlenkamp mit dem **Szene-Café ›Fiedler's‹** – zum Mühlenkamp führt. Hier laden Boutiquen, Antiquitätenhändler, Möbel- und Design-

Geschäfte sowie internationale Wein- und Feinkostläden zum Bummeln und Geldausgeben ein.

81 Krugkoppelbrücke und Leinpfad

Bellevue, Fernsicht
Bus 106, 108 bis Gertigstraße, weiter zu Fuß über Poelchaukamp, Gellerstraße, Fernsicht

Reizvolle Gegend zum Spazierengehen und Verweilen in Cafés.

Wer das seitliche Ufer entlang geschlendert ist und keinen Shopping-Abstecher in den Mühlenkamp machen will, der kann hinter dem Anleger **Mühlenkamp** über Körnerstraße und Bellevue auch gleich zur Außenalster zurückgehen. Der nächste Punkt zum Verweilen ist nicht weit: An der nördlichen Spitze der Außenalster liegt das **Restaurant-Café ›Bobby Reich‹**. Daneben verbindet die Krugkoppelbrücke Winterhude mit dem westlich der Alster gelegenen Stadtteil Harvestehude. Den Neubau der 1891 errichteten **Holzbrücke** gestaltete Fritz Schumacher 1927/28. Er verband Technik mit Formschönheit; die Bögen der Eisenbeton-Brücke sind mit Klinkern verkleidet, die Brüstungen werden verziert von Terrakotta-Figuren. Auf der gegenüberliegenden Straßenseite von ›Bobby Reich‹ unterbricht die **Villa Agnesstraße Nr. 1** die traditionell weiße Alsterarchitektur. Den herrschaftlichen Bau in grauem Stein entwarf 1909 der Berliner Architekt William Müller für den Apotheker Oscar Troplowitz, Mitbegründer der Firma Beiersdorf. An der westlichen Grundstücksseite beginnt der **Leinpfad,** eine der schönsten und nobelsten Wohnstraßen Hamburgs. An dessen Ende befindet sich das **Café Leinpfad** am Anleger *Winterhuder Fährhaus,* von dessen Terrasse man die Alsterboote beim An- und Ablegen beobachten kann.

82 Winterhuder Markt

Winterhuder Markt
U-Bahn Hudtwalckerstraße

Theater, Shopping und historische Wohnkultur in Hamburgs Norden.

An der zum Leinpfad quer verlaufenden Hudtwalckerstraße liegt das **Winterhuder Fährhaus** (Nr. 13). In dem modernen *Theaterhaus* aus Glas und Stahl gastieren prominente Schauspieler in klassischen und zeitgenössischen Boulevardstücken. Im Gebäude befindet sich zudem das edle – und teure – **›Restaurant Allegria‹**. Nur einige Schritte in Rich-

Die ehemalige Maschinenfabrik bietet heute unter dem Namen Kampnagel Kultur pur

tung Westen mündet die Hudtwalckerstraße in den **Winterhuder Marktplatz**, das nördliche Zentrum des Stadtteils. Auch hier bieten sich vielfältige *Einkaufsmöglichkeiten*.

Es lohnt sich, einen Abstecher über die Ohlsdorferstraße in die **Ulmenstraße** zu machen. Hier findet sich ein fast gänzlich erhaltenes Beispiel der städtischen Arbeiterwohnkultur aus der Mitte des 19. Jh. In den liebevoll restaurierten Häuschen wohnten ehemals vor allem Bleicher und Wäscher.

83 Kampnagel

Jarrestraße 20–26
Bus 172, 173

Der Gebäudekomplex Kampnagel ist eine ehemalige Maschinenfabrik. Seit 1984 ist Kampnagel Zentrum der freien Theatergruppen Hamburgs und Gastspielort für internationale Ensembles.

Eigentlich sollte Kampnagel von 1981 bis 1984 dem Deutschen Schauspielhaus [s. S. 65] nur als vorübergehende Ausweichstätte dienen, als das Theater renoviert wurde. Mittlerweile ist die eigenständige Einrichtung aus der **Kulturszene der Stadt** nicht mehr wegzudenken. Der Name geht auf die ursprünglich auf dem Gelände ansässige Maschinenfabrik Nagel & Kaemp zurück, gegründet 1874. Hier finden in vier der früheren Fabrikhallen insgesamt 1650 Zuschauer Platz. Neben Auftritten von Hamburger *Theatergruppen*, Ensembles aus aller Welt und *Tanzgruppen* ist Kampnagel Veranstaltungsort von *Ausstellungen* und verschiedenen *Festivals*. Dazu zählen das Frauenfestival, das Kabarettfestival sowie das Sommerfestival. 1999 wurde auf dem Gelände ein 16 000 m² großes postmodernes Medienzentrum fertig gestellt.

84 Jarrestadt

Zwischen Wiesendamm und Jarrestraße
U-Bahn Saarlandstraße

Die Jarrestadt ist eines der bedeutendsten Beispiele der hanseatischen Zweckarchitektur der 1920er-Jahre.

Wuchtig und von einheitlicher Strenge, so präsentiert sich die Jarrestadt dem Betrachter. Die **Wohnblöcke** aus rotem Klinker wurden 1928–30 nach den Entwürfen von zehn Architekten errichtet. Einheitlichkeit garantierte die Planungsaufsicht des Oberbaudirektors Fritz Schumacher. Die äußerlich schlichten Fassaden der *kubischen Backsteinbauten* und der relativ hohe Standard der Innenräume sollten den gemeinschaftlichen und fortschrittlichen Geist der modernen Arbeiterbewegung widerspiegeln.

85 Stadtpark

Im Rechteck zwischen Ulmenstraße, Jahnring, Saarlandstraße und Südring
U-Bahn Borgweg

Hamburgs ›Central Park‹: Auf 180 ha tummeln sich Spaziergänger, Jogger, Sonnenhungrige und Sportgruppen. Der Stadtpark ist auch das Ziel für Sternegucker, denn hier befindet sich das Planetarium.

Der Stadtpark liegt im Winkel von **Winterhude** und **Barmbek** und bildet an seiner nördlichen Grenze einen reizvollen Kontrast zum Hochhaus- und Büroareal *City Nord*. Federführender Planer des Parks war Hamburgs Oberbaudirektor Fritz Schumacher. 1902 kaufte die Stadt das Areal, damals noch privates Jagdrevier, dem Geschäftsmann Adolf Sierich ab. Nach den Vorstellungen von Kunsthallendirektor Alfred Lichtwark, und gemeinsam mit dem Landschaftsarchitek-

Die Sterne zum Greifen nah: Vom Planetarium im Stadtpark hat man außerdem einen sagenhaften Rundblick über Hamburg

ten Otto Linné, formte Schumacher von 1909–14 das Forstgelände zu einem Park, der den Bedürfnissen der Großstadtbevölkerung angemessen war.

Am westlichen Ende des Stadtparks liegt der **Parksee**, auf dem sich Boote ausleihen kann, wer nicht mehr laufen mag. Gleich daneben verspricht ein **Freibad** im Sommer Abkühlung. In den nördlichen Teil des Stadtparks ziehen an Sommerabenden ganze Horden von Menschen: Dort ist die **Freilichtbühne**, auf der internationale Open-Air-Konzerte stattfinden. Von Süden nach Norden wird der Stadtpark von der Hindenburgstraße durchzogen. An deren Westseite kann man sich im ›**Landhaus Walter**‹ mit kulinarischen Leckerbissen stärken oder im angegliederten Biergarten seinen Durst löschen. Auf der Ostseite erhebt sich das **Planetarium** im ehemaligen Wasserturm, 1913–15 von Fritz Schumacher im Klinkerstil erbaut. Wer nicht gleich bis zu den Sternen sehen will, kann sich auch untertags mit einem Rundblick über Hamburg begnügen. Derzeit wird das Planetarium freilich umgebaut und bleibt daher bis Ende 2003 geschlossen.

Öffnungszeiten Planetarium ***S. 129***

86 Ohlsdorfer Friedhof

Haupteingang Fuhlsbüttlerstraße
S-Bahn und U-Bahn Ohlsdorf

Letzte Ruhestätte der Superlative.

Der Ohlsdorfer Friedhof ist der zweitgrößte der Welt, der größte befindet sich in Hamburgs Partnerstadt Chicago. Auf dem Gelände verbinden sich Geschichte und Kunst mit Naturschönheit. **Denkmalgeschützte Grabsteine** Hamburger Persönlichkeiten stehen in einem wunderschönen Park mit altem Baumbestand und leuchtenden Rhododendronhecken.

404 ha misst der Ohlsdorfer Friedhof, er ist 3,5 km lang und 1,3 km breit. 17 befahrbare Straßen führen durch das Gelände mit circa **250 000 Grabstätten**. Mit der Anlage des überkonfessionellen Friedhofs für die rasch wachsende Großstadt Hamburg wurde 1874 in der Ohlsdorfer Feldmark begonnen, die Eröffnung fand 1877 statt. Der Gartenbauingenieur Wilhelm Cordes gestaltete den Westteil des Friedhofs. Den Ostteil hat Cordes' Nachfolger Otto Linné ab 1920 angelegt. Der Ohlsdorfer Friedhof wurde – zur besseren Orientierung – in *Planquadrate* eingeteilt. Der Besucher muss keine Angst haben, sich in den weitläu

Idylle an der Außenalster: Vom Liegestuhl geht's gleich an Bord eines Segelbootes

Ihre Leidenschaft spiegelt sich auch auf dem Grab wider – die Familie Hagenbeck wird von einem kupfernen Löwen bewacht

figen Parkanlagen zu verlaufen; an zahlreichen Stellen sind Pläne angebracht.

In der Nähe des *Haupteingangs* befindet sich der **Althamburgische Gedächtnisfriedhof**. Hier liegen u. a. Alfred Lichtwark, der erste Direktor der Kunsthalle, Oberbaudirektor Fritz Schumacher und der Maler Otto Runge begraben. Im Westteil des Friedhofs finden sich die Ruhestätten weiterer bekannter Persönlichkeiten: etwa die des Schauspielers Hans Albers (Y 23, 245–251), des Schriftstellers Wolfgang Borchert (AC, 5, 6), des HAPAG-Direktors Albert Ballin (Q 10, 420–429). Auch Mitglieder der Familie des Tierparkgründers Carl Hagenbeck haben hier ihre letzte Ruhe gefunden (AE 15, 43–58). Die Grabstätte ziert – natürlich – ein kupferner Löwe.

Im *nördlichen Teil*, nahe der Kapelle 13, ist das kreuzförmige **Massengrab** für die 37 000 Bombenopfer zu sehen, die im Feuersturm von 1943 starben. Das **Mahnmal** schuf 1952 Gerhard Marcks.

Im *Südwesten* befindet sich der **jüdische Friedhof** und ein Mahnmal für die während der NS-Diktatur ermordeten Juden.

Nördlich des Haupteingangs steht das 1930–32 von Fritz Schumacher erbaute **Krematorium**. Es ist das letzte Werk des Oberbaudirektors vor seiner Entlassung durch die Nationalsozialisten. Schumacher verwendete hauptsächlich Materialien, die mit Hilfe des Feuers bearbeitet werden: Klinker, Bronze und Keramik. Die Bestimmung des Baus ver-

sinnbildlicht ein *Phoenix* auf der Giebelspitze. Gegenüber dem Krematorium erinnert seit 1949 ein **Mahnmal** an die Opfer des Nationalsozialismus.

Öffnungszeiten S. 129

87 Flughafen Hamburg

Fuhlsbüttel (Zeppelinstraße)
Etwa 15 bis 20 Autominuten von der City entfernt
U-Bahn und S-Bahn Ohlsdorf, weiter mit Bus 110 (›Airport-Express‹)
Bus 39, 172, 292

Vergnügen – auch ohne abzuheben.

Auch wenn man nicht in die Lüfte gehen will – ein Besuch des Flughafens lohnt schon allein wegen der paradiesischen Shoppingmöglichkeiten (die Geschäfte sind bis 23 Uhr geöffnet und das sieben Tage die Woche) und wegen des modernen und transparenten Terminals 4.

Die Ursprünge des Flughafens Hamburg gehen auf das Jahr 1911 zurück, als noch Luftschiffe auf dem dortigen Landeplatz anlegten. 1926 formierten sich in Hamburg zwei Luftfahrtgesellschaften zur Deutschen Lufthansa. Noch heute befindet sich die 60 ha große **Lufthansa-Werft** auf dem Gelände des Flughafens. Die Lufthansa Technik AG ist die größte Wartungs- und Reparaturfirma von Flugzeugen außerhalb der USA. Zurzeit arbeiten allein in Hamburg 7000 Menschen für die Lufthansa Technik AG.

In der Größenskala rangiert der Flughafen Hamburg-Fuhlsbüttel unter den 16 internationalen Flughäfen Deutschlands gemeinsam mit Berlin-Tegel an 5. Stelle und ist mittlerweile für Mecklenburg-Vorpommern und Brandenburg ebenso wichtig wie für das Nachbarland Schleswig-Holstein. Pro Jahr verzeichnet der Flughafen 8,9 Millionen Fluggäste sowie knapp 160 000 Starts und Landungen. Insgesamt arbeiten auf dem Gelände heute über 15 000 Menschen.

Seit der Fertigstellung des 20 000 m^2 großen Terminals 4 für umgerechnet 164 Mio. verströmt der Airport großzügiges und internationales Flair. Die Architekten *Gerkan, Marg und Partner* verwendeten für ihre geschwungene Hallenkonstruktion vor allem Glas und Stahl. Auf den **Terrassenebenen** des Abflugbereiches kann man bei Essen und Trinken dem Starten und Landen der Flugzeuge zusehen. Im **Ankunftsbereich** des Erdgeschosses locken zahlreiche Filialen Hamburger Boutiquen zum Shopping.

Derzeit wird der gesamte Flughafen nach dem architektonischen Vorbild von Terminal 4 umgebaut und erweitert. Terminal 2 für vornehmlich Urlaubsreisende soll 2005 in Betrieb gehen. Geplanter Abschluss des gesamten **Bauprojekt** für Terminals, Parkhaus- und Hotelbauten, einen Autobahnanschluss sowie eine direkte S-Bahn-Anbindung in die Innenstadt ist im Jahr 2007.

In der Unterführung zwischen Terminal 1 und 2 demonstriert eine Modell-, Dia- und Filmschau das Flughafengeschehen und seine Geschichte.

Öffnungszeiten Flughafenmodellschau ***S. 128***

So geht man in die Luft

Auch aus den Wolken macht die Hansestadt einen tollen Eindruck. Wer Hamburg von oben bewundern möchte – und schwindelfrei ist und nicht unter Flugangst leidet – hat gleich mehrere Möglichkeiten zur Auswahl: Hoch und ab zum Rundflug geht es zum Beispiel im **Ballon**, *im* **Wasserflugzeug** *oder in der alten* **Ju 52** *[s. S. 133 f.].*

Nicht ganz so hoch, aber umso aufregender ist die subjektive Sicht, wenn man am **Bungeeseil** *hängt: Sobald er saniert ist, können sich Mutige wieder vom* **Fernsehturm** *aus fast 280 m in die Tiefe fallen lassen [s. S. 131]. Guten Flug!*

88 Alsterwanderweg

U-Bahn Klein Borstel, Fuhlsbüttel

Der Alsterwanderweg ist 56 km lang und reicht von der Binnenalster bis zur Quelle in Schleswig-Holstein. Besonders idyllisch ist er ab der Fuhlsbütteler Schleuse, wo der kanalisierte Lauf der Alster in seine natürlich mäandrierende Form übergeht.

Zunächst führt der Wanderweg ins **Alstertal**. Ganz so ländlich, wie es der Name vermuten lässt, präsentiert sich das Gebiet hier freilich noch nicht. Doch die im Alstertal gelegenen Stadtteile *Wellingsbüttel*, *Poppenbüttel* und *Mellingstedt* haben streckenweise ihren dörflichen Charakter bewahrt. In **Wellingsbüttel** (S 1, S 11 Wellingsbüttel) ist vom ehemaligen gleichnamigen **Gut** noch das romantisch gelegene *Torhaus* erhalten

Markant, modern, meisterhaft: Mit dem architektonisch geglückten Terminal 4 verströmt der Hamburger Flughafen großzügiges und internationales Flair.

(Wellingsbütteler Weg 71). Der Fachwerkbau aus dem Jahre 1757 beherbergt heute das **Alstertalmuseum**.

In **Poppenbüttel** (S 1, S 11 Poppenbüttel) besteht nur noch die Resthof-Fläche des ehemaligen Gutes am *Poppenbüttler Markt*. Zu bestaunen ist hier aber der wertvolle Baumbestand mit mehr als 200 Arten aus aller Welt. Gegenüber der S-Bahn-Station befindet sich das moderne *›Alstertal-Einkaufszentrum‹* mit 120 Geschäften.

Nördlich von Poppenbüttel liegt die **Mellingburger Alsterschleife**, die um das Jahr 1000 durch einen Erdhügel abgeriegelt wurde und den Sachsen als Schutzwall gegen die Wenden diente. Noch heute kann man die Reste des Walles erkennen (westlich der Straße Mellingburgredder). Die Mellingburger *Schleuse* stammt aus dem Jahre 1528/29 und ist in ihrem historischen Zustand erhalten. In der gleichnamigen Gaststätte (Mellingburgredder 1) findet der erschöpfte Wanderer Erholung und Stärkung. Einen Besuch lohnt auch die Gastwirtschaft in der ›Alten Mühle‹ (Alte Mühle 34), die erstmals um 1600 in Betrieb genommen wurde.

Etwas abseits der Alster gelegen, verdient die **Bergstedter Kirche** einen Besuch (Bergstedter Kirchenstraße 7, U 1 Hoisbüttel). Der Kirchenbau aus Feldstein stammt aus der Zeit von 1150–1200, der *Fachwerkturm* wurde Mitte des 18. Jh. gebaut. Reizvoll ist die bemalte *Balkendecke* im Inneren mit der Darstellung eines Taufengels.

Nur wenige Kilometer nördlich schlängelt sich die Alster durch das ursprüngliche **Rodenbeker Quellental** (U1 Ohlstedt). Das *Naturschutzgebiet* zeichnet sich durch eine vielfältige Waldlandschaft aus, durch Auen, Hangquellen und feuchte Wiesentäler.

Bei Wohldorf-Ohlstedt liegt der **Wohldorfer Wald** (über U 1 Ohlstedt), mit 400 ha das größte zusammenhängende Waldgebiet Hamburgs nördlich der Elbe. Der Buchenbestand ist bis zu 350 Jahre alt. Am Nordende des Waldes steht das renovierte *Wohldorfer Herrenhaus* von 1717. Dieses Gebäude wurde als Nachfolgebau eines von den Hamburgern 1347 niedergebrannten Raubrittersitzes errichtet. Nordöstlich des Wohldorfer Waldes erstreckt sich das 1000 ha große Naturschutzgebiet **Duvenstedter Brook**. Moor, Wald, Wiese und Heide prägen die Landschaft, in der 173 Tierarten beheimatet sind.

Endpunkt des Wanderweges: die **Alsterquelle**. Sie entspringt etwa 26 km von Hamburg entfernt im Alstermoor, circa 3 km südlich vom schleswig-holsteinischen Henstedt-Ulzburg. Die Quelle trägt eine bronzene Scheibe mit dem Hinweis: ›Quellgrund der Alster‹.

Öffnungszeiten Alstertalmuseum ***S. 128***

Auf der Elbchaussee bis Blankenese: optische und kulinarische Genüsse

Einst war die Elbchaussee ein schmaler Sandweg. Durch sie wurden die Dörfer **Ottensen, Othmarschen, Flottbek, Nienstedten** und **Blankenese** miteinander verbunden. Heute ist sie mit ihren 10 km Länge die größte unter Hamburgs Straßen. Die Elbchaussee, das sind **prächtige Parklandschaften** am Ufer und gleichzeitig **alptraumartiger Autofluss** auf mehreren Spuren. Bereits Ende des 18. Jh. kam sie als Wohngegend in Mode: Reiche Hamburger und Altonaer Kaufleute ließen sich hier nieder, verwandelten Äcker und Wälder in feine französische Gärten und edle englische Parks. Geistvoll ging es hier auch zu! *Klopstock* scharte Dichter und Denker um sich, und *Baron Caspar von Voght* stand ihm dabei in nichts nach. In seinem Landsitz bei Teufelsbrück gingen die Schönen, Reichen und Klugen ein und aus. Hamburger High Society, zu der sich ab und zu französische Literatur-Elite gesellte – Beaumarchais, Stendhal oder Madame de Staël. Während sich viele Hamburger und Zugereiste zunächst nur während des Sommers in den **Elbvororten** niederließen, verlegten im 19. Jh. zahlreiche Familien ihren Wohnsitz ganz ans Ufer der Elbe. Von nun an zelebrierte man *Wohnkultur* hinter griechisch-antik anmutenden Fassaden, inmitten üppigster Lustgärten – und ließ laue Sommerabende nur vom Mondschein und dem sanften Blöken der Schafe garnieren. Weiße **Villen** und vornehme **Landhäuser** erinnern heute noch an die *Poeten* und *Pioniere* von einstmals.

89 Elbchaussee

Bus 36 oder 286

Feine Adresse trotz Verkehrslärm.

Die Elbchaussee beginnt beim Altonaer Rathaus, führt durch die Elbvororte Klein Flottbek und Nienstedten bis nach Blankenese und verläuft dabei über weite Strecken **parallel zur Elbe**. In den Landhäusern wohnten schon im 18. Jh. begüterte Kaufleute und Reeder. Anfangs nutzten sie ihre Häuser nur während der Sommerfrische, später – im 19. Jh. – zogen sie endgültig hierher. Einige dieser Häuser befinden sich auch heute in Privatbesitz, gehören Verlegern, Bankiers und Industriellen. Andere Gebäude sind – wie das Jenisch-Haus – der Öffentlichkeit zugänglich gemacht.

Ein Spaziergang an der Elbe, ob auf der Straße oder auf dem Elbuferweg, lohnt sich auch noch aus einem anderen Grund: Zahlreiche Restaurants, darunter das **›Le Canard‹** (Nr. 139), und Ausflugslokale bieten Lukullisches für jeden Geldbeutel – und nicht selten eine wunderschöne Aussicht auf die Elbe. Wer sich für Schiffsmodelle interessiert, sollte der klassizistischen **Villa Nr. 277** einen Besuch abstatten: Peter Tamm, jahrelang Vorstandsmitglied des Springer-Verlages, hat für sein 1991 eröffnetes **Wissenschaftliches Institut für Marine- und Schifffahrtsgeschichte** rund 18000 Schiffsmodelle zusammengetragen. Besuche sind allerdings nur nach vorheriger telefonischer Anmeldung möglich (Tel. 82 13 41).

90 Jenisch-Haus mit Jenischpark

Baron-Voght-Straße 50
Bus 286/Teufelsbrück,
S-Bahn Klein Flottbek

Vom Mustergut zum Naherholungsgebiet.

Unter den zahlreichen Villen an der Elbchaussee ist das Jenisch-Haus ganz in der

Paradies auf Erden: Das im klassizistischen Stil errichtete Jenisch-Haus beherbergt ein Museum großbürgerlicher Wohnkultur, das man auf Filzpantoffeln durchschreitet

Nähe des Anlegers Teufelsbrück in **Klein Flottbek** sicherlich die beeindruckendste: Ein klassizistisches Herrenhaus, das inmitten des **Jenischparks** auf einem kleinen Hügel thront. Die Villa gehörte einst dem Hamburger Senator Martin Johann Jenisch, der entscheidend am Wiederaufbau Hamburgs nach dem Brand von 1842 beteiligt war. Er ließ das Haus 1831–34 vom Architekten Franz Gustav Forsmann errichten, und kein Geringerer als Karl Friedrich Schinkel hatte die ersten Entwürfe geliefert. Heute gehören die Villa und der dazugehörige (unter Naturschutz gestellte) Jenischpark der Stadt. Der Park ist am Wochenende ein beliebtes *Ausflugsziel*. Das TOP TIPP **Jenisch-Haus** dient als Museum großbürgerlicher Wohnkultur. Im *Erdgeschoss* stehen Möbel aus dem frühen 19. Jh. Das *Obergeschoss* zeigt Exponate aus der Zeit zwischen Spätrenaissance und Jugendstil.

Die Geschichte des Jenischparks beginnt allerdings schon früher: Um 1785 kaufte der wohlhabende Hamburger Kaufmann Baron Caspar von Voght (1752–1839) in Klein Flottbek fünf Bauernhöfe. Beeinflusst durch mehrere Studienreisen nach England, wollte er auf diesem Areal ein Versuchs- und Mustergut im englischen Stil anlegen lassen, eine *›Ornamented Farm‹* mit landwirtschaftlichen Nutzflächen, Bauernhäusern und Parkanlagen. Voght beauftragte den schottischen Gartenarchitekten James Booth mit der Errichtung der Anlage und ließ sich von ihm eine natürlich wirkende Gartenanlage schaffen. Ausgedehnte Wiesenflächen, Teiche, Baum- und Buschgruppen und sogar ein Wasserfall prägen das Areal. Das Mustergut sollte nicht nur *Nutzen* bringen, sondern auch ein *Kunstwerk* werden.

Öffnungszeiten Jenisch-Haus ***S. 129***

91 Baron-Voght-Straße

Bus 286/Teufelsbrück, S-Bahn Klein Flottbek

Das Landhaus eines Barons.

Baron Voght, der für seine Verdienste um das Armenwesen zum Freiherren ernannt wurde, lebte bis zu seinem Tod im Jahr 1839 auf seinem **Mustergut** an der Baron-Voght-Straße. Das klassizistische Landhaus wurde zwischen 1794 und 1797 von Johann August Arens errichtet.

Außen präsentiert sich das Gebäude schlicht, innen dagegen umso luxuriöser: Zur **Ausstattung** gehören *Marmorkamine*, Einbauschränke aus *Mahagoni*, reiche *Stuckaturen* und französische *Deckengemälde* – prunkvolles Ambiente für private, gesellschaftliche und kulturelle Veranstaltungen. 1828 musste Voght jedoch sein Haus aus finanziellen Gründen an Martin Johann Jenisch verkaufen. Noch heute wird das Landhaus von seinen Nachfahren bewohnt, es kann daher nicht besichtigt werden.

Witthüs Teestuben

HAMBURG ENGLAND

Einige Schritte weiter, neben dem Eingang zum Jenischpark, stehen die **›Instenhäuser‹** (1786–98), in denen die Landarbeiter des Mustergutes wohnten. Ebenfalls dort befinden sich die reetgedeckten Bauernhäuser (Nr. 59 und 73–75), die bereits vor 1786 errichtet wurden und ebenfalls zum Ensemble des Mustergutes gehörten. Weitere Flächen der ›Ornamented Farm‹ wurden im Lauf der Zeit jedoch überbaut – so mit dem *Derbypark*, einem *Golfplatz* und den Anlagen des *Neuen Botanischen Gartens*. An das Dorf Klein Flottbek erinnern noch die Katen, die in der Straße Hochrad (Nr. 69) stehen.

92 Ernst-Barlach-Haus

Baron-Voght-Str. 50 a
Bus 115/Marxsenweg,
S-Bahn Klein Flottbek

Erinnerungen an einen Hamburger Künstler.

In einer Senke im nördlichen Teil des **Jenischparks** steht das im Atrium-Stil erbaute Ernst-Barlach-Haus. Es wurde von dem Hamburger Zigarettenfabrikanten Hermann F. Reemtsma gestiftet und 1961–62 von Werner Kallmorgen gebaut. Reemtsma wollte damit an seinen Freund, den Bildhauer Ernst Barlach (1870–1938), erinnern, der in Hamburg-Wedel geboren wurde. Die von Reemtsma gesammelten **Werke Ernst Barlachs**, darunter Holzschnitte, Drucke, Plastiken sowie die Gruppe ›Das Fries der Lauschenden‹ sind in den *Schauräumen* ausgestellt. Barlach-Fans allerdings sollten einen Besuch im Ratzeburger Barlach-Museum (ca. 50 km nordöstlich von Hamburg) nicht versäumen. Wer den Weg scheut, der findet ein weiteres Barlach-Museum auch in Wedel.

Öffnungszeiten S. 128

93 Nienstedten

Bus 286/Nienstedten

Ausflugslokale mit Tradition.

Entlang der Elbe in Richtung Nienstedten kommt man an weiteren sehenswerten Landhäusern und Villen von reichen

◁ **Oben:** *Einladend – ›Witthüs Teestuben‹*
Mitte: *Fernweh – Dampfer an der Elbchaussee*
Unten: *Gute Erholung im Jenischpark*

Ein kleines Museum wurde dem Künstler Ernst Barlach in Klein Flottbek gewidmet

Kaufleuten vorbei: Man sieht das **Elbschlösschen** (Nr. 372), 1804–06 von Matthias Hansen errichtet, das **Landhaus Linderhof** (Nr. 388) aus dem Jahr 1798 sowie das hübsche **Landhaus Linnich** (Nr. 400) aus dem Jahr 1805.

Das Dörfchen Nienstedten war früher Pfarrmittelpunkt der Elbvororte. Kein Geringerer als Georg Philipp Telemann war verantwortlich für die Festmusik bei der Einweihung der **Nienstedtener Kirche** an der Elbchaussee im Jahr 1751. Das Gotteshaus mit dem *Kanzelaltar* von 1750 ist heute besonders bei Brautpaaren beliebt. Auf dem ganz in der Nähe gelegenen *Friedhof* befinden sich zahlreiche Gräber von Reeder- und Kaufmannsfamilien sowie die Ruhestätten des Baron Caspar von Voght und seines schottischen Landschaftsgärtners James Booth. Ebenso liegen in Nienstedten der Hamburger Dichter *Hans Henny Jahnn* (1894–1959) und der Schriftsteller *Hubert Fichte* (1935–1986) begraben.

Direkt an der Elbchaussee stehen zwei traditionsreiche Restaurants. Das **›Louis C. Jacob‹** (Nr. 401–403), heute ein Hotel mit Feinschmecker-Restaurant, war bereits im 18. Jh. ein beliebtes Ausflugslokal. *Max Liebermann* gefiel das Gasthaus mit seiner Lindenterrasse so gut, dass er es in einem Bild verewigte. Das Gemälde hängt heute in der Hamburger Kunsthalle [s. S. 39]. Auf der gegenüberliegenden Straßenseite befindet sich das Nobel-Restaurant **›Landhaus Dill‹** (Nr. 94), schon 1814 wurde hier für Gäste gekocht.

94 Hirschpark

S-Bahn Blankenese

Klassizistische Villen eines dänischen Landbaumeisters.

Auch der Hirschpark bei Blankenese wurde im **englischen Stil** angelegt, Besitzer war Johann Caesar IV. Godeffroy, ein bedeutender Hamburger Segelschiff-Reeder. Godeffroy beauftragte 1789 den dänischen Landbaumeister in Holstein, Christian Frederik Hansen (1756–1845), mit dem Bau einer **Villa** im frühklassizistischen Stil. Hansen war neben Johann August Arens (1757–1806) der wichtigste Architekt des Klassizismus in Hamburg. Hansen orientierte sich zuweilen an der griechischen Antike. Für den Baumeister, der sein spärliches Salär als Landbaumeister aufbessern musste, war das Hirschpark-Landhaus der erste private Auftrag. Ein zweiter sollte bald folgen, er kam ebenfalls von der Familie Godeffroy. Peter Godeffroy, ein vermögender Bruder von Johann Caesar, ließ sich 1792 in unmittelbarer Nachbarschaft von Hansen ein noch prächtigeres Landhaus, die ›**Weiße Villa**‹, errichten (Elbchaussee 547). Die *Reliefs* in Vestibül und Gartensaal sind antike Gipsabdrücke aus Rom, die ursprünglich für das Marmorpalais in Potsdam bestimmt waren. Die Kunstwerke kamen durch einen Zufall nach Hamburg, denn das Schiff, das sie transportierte, lief vor Blankenese auf Grund – und Godeffroy kaufte die Ladung.

Der ideale Ort für eine kleine Teepause im Hirschpark sind die ›**Witthüs Teestuben**‹ [s. S. 121]. Das strohgedeckte Gebäude war einst das Kavaliershaus des Hirschpark-Landhauses. In dem kleinen Häuschen lebte bis zu seinem Tod der Dichter und Orgelbauer Hans Henny Jahnn (1894–1959).

Autofreie Zone – das Dörfchen Blankenese lädt zum Bummeln ein

◁ *Vor langer Zeit war Blankenese ein kleines Piratennest, heute residieren hier Promis*

95 Blankenese

TOP TIPP

S-Bahn Blankenese

Die ›Perle an der Unterelbe‹.

Blankenese, nur 14 km von Hamburgs Stadtmitte entfernt, ist immer noch bevorzugter Wohnort der Wohlhabenden, Künstler und Prominenten. Seine fast südländisch anmutende Atmosphäre, seine Hanglage direkt am Elbufer, die hübschen weiß getünchten Fischerhäuschen und die engen verwinkelten Gassen gaben dem Örtchen den Beinamen ›Perle an der Unterelbe‹.

Bereits im 14. Jh. ist der Ort Blankenese (›blanke Nees‹ = ›helle Nase‹) als Fährstelle erstmals urkundlich erwähnt. Das *ehemalige Fischerdorf* war im 19. Jh. ein bedeutender Standort für die Hochseefischer und daher Wohnort von Fischern, Kapitänen, Lotsen und Schiffbauern. Eine Erinnerung an diese Zeit sind die zahlreichen reetgedeckten **Kapitäns- und Fischerhäuschen** am Hanggebiet in Blankenese, dem alten Ortskern. Diese Gegend hat ihren dörflichen Charakter bewahrt. Autos sind hier verboten, wer hinunter zum Strandweg will, muss schon eine der zahlreichen Treppen – es gibt 58! – benutzen.

Die Elbchaussee geht in die Blankeneser Hauptstraße über und führt direkt zum Strandweg an der Elbe. Hier bieten zahlreiche Cafés und Restaurants ihre Dienste an. An der Landungsbrücke **›Blankeneser Bulln‹** kommen die Fähren aus Cranz, St. Pauli und Altona an.

In Blankenese und seinen Ortsteilen **Mühlenberg** und **Dockenhuden** finden sich mehrere *öffentliche Parks* bzw. *Landschaftsgärten*, die allesamt einst zu den Landsitzen der reichen Kaufleute gehörten: so **Baurs Park** (Mühlenberger Weg), den sich zu Beginn des 19. Jh. der Kaufmann Georg Baur anlegen ließ. Leider ist von der ungewöhnlichen Anlage, die ausgestattet war mit chinesischen, ägyptischen und gotischen Türmchen, Grotten und künstlichen Ruinen, nichts mehr erhalten geblieben. Eine weitere Anlage ist **Goßlers Park** (Goßlers Park 1), ein Landschaftsgarten mit einer *klassizistischen Kaufmanns-Villa*, die ebenfalls von Christian Frederik Hansen 1794/95 entworfen wurde. In dem Gebäude ist heute das Ortsamt Blankenese untergebracht.

96 Sagebiels Fährhaus und Süllberg

S-Bahn Blankenese

Ausflugsziel mit Tradition.

Sagebiels Fährhaus (Blankeneser Hauptstraße 107) ist ein weiterer *touristischer Anziehungspunkt* in Blankenese. Das 1826 im Stil einer niedersächsischen **Fachwerkkate** errichtete Gebäude wurde um 1868 an den Wirt Wilhelm Sagebiel verkauft, der es zu einem beliebten Ausflugsziel machte.

Das Gebäude des heutigen Hotels und Restaurants **›Süllberg‹** wurde 1887 im Stil einer Burg errichtet; mit seinem Aussehen sollte es daran erinnern, dass hier bereits im 11. Jh. die *Burg* des Erzbischofs Adalbert von Bremen-Hamburg (1045–1072) stand. Adalbert hatte sein Sprengel bis weit nach Skandinavien ausgedehnt, es reichte bis nach Island, Grönland und die Orkneyinseln.

Ganz in der Nähe des Süllbergs wohnten auch einige **Künstler**: In der Gasse Rutsch lebte der Schriftsteller und Historiker *Golo Mann* (1909–1994), in der Richard-Dehmel-Straße Nr. 1 wohnte der Dichter *Richard Dehmel* (1863–1920). In der Straße Wilmans Park Nr. 17 besitzt übrigens der international renommierte und in Paris lebende Modeschöpfer *Karl Lagerfeld*, ein gebürtiger Hamburger, eine Villa.

Die Aussicht allein ist schon eine Sensation: Sagebiels Fährhaus an der Blankeneser Hauptstraße

Putzige Püppchen in allen Größen: Puppenmuseum Falkenstein bietet eine originelle Sammlung

97 Puppenmuseum Falkenstein

Grotiusweg 79
Bus 286/Falkenstein

Ein Puppenmuseum in einem Avantgardebau.

Im Sven-Simon-Park am Falkenstein, benannt nach dem verstorbenen Sohn des Verlegers Axel Cäsar Springer, steht die Villa Michaelsen. Der *weiße Backsteinbau* wurde 1923–25 für Ite (Elise) Michaelsen, die kunstinteressierte Frau eines Fabrikanten, erbaut und entwickelte sich bald zum **Treffpunkt der Kunstszene** Hamburgs. Mit seinen kubischen Elementen und geglückten Proportionen gilt das Haus als eines der Musterbeispiele des modernen Bauens im Stil der *Neuen Sachlichkeit*. Architekt war Karl Schneider (1842–1945), einer der bedeutendsten Architekten Hamburgs in den 1920er-Jahren. Von den Nazis erhielt Schneider Berufsverbot.

Die renovierungsbedürftige Villa wurde 1984/85 durch Volkwin Mark rekonstruiert. Heute ist hier ein **Puppenmuseum** mit der Sammlung von Elke Dröscher untergebracht. Mehr als 300 Puppen und 60 Puppenstuben, Kupferstiche, Bilderbögen und Kinderbücher kann sich der puppeninteressierte Besucher ansehen.

Öffnungszeiten S. 129

Hamburg und der Hafen: wie Ebbe und Flut

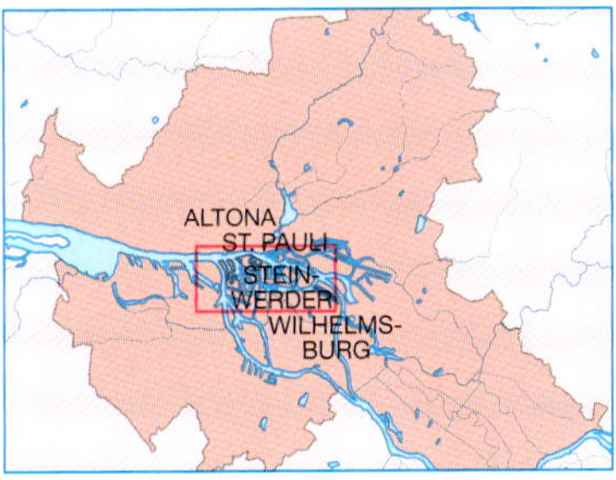

Hamburg und der Hamburger Hafen – die beiden gehören zusammen wie Ebbe und Flut. Begonnen hat die Geschichte der Stadt Hamburg als **Alsterhafen** im Bereich der Fleete. Durch die zielstrebige Politik der Stadt, welche immer mehr Elbinseln unter die Herrschaft Hamburgs brachte, sowie durch die Regulierung der Norder- und der Süderelbe im 16. und 17. Jh. zog Hamburg immer mehr von der Alster an die Elbe – und wurde ein **natürlicher Hafen**. Die Erfordernisse der Dampfschifffahrt mit ihrem erhöhten Verkehrsaufkommen brachten dann den Ausbau der Hafenbecken und Kaianlagen. Ende der 60er-Jahre des 20. Jh. wurde der Hafen zum **Containerhafen** umgebaut. Die Elbe wurde auf eine Tiefe von 13,5 m ausgebaggert; westlich des Köhlbrands, welcher Norder- und Süderelbe miteinander verbindet, entstand der Hafen *Waltershof*. Dann errichtete man den *Burchardkai*, dann den Terminal der *Eurokai KG* sowie den *O'Swaldkai* im Hansahafen. Das Bauprinzip folgte der Maxime: Die Kaianlagen sollten möglichst viel Fläche bieten, damit sich die Container gut lagern ließen. Nicht entscheidend war mehr die Länge der Kais, denn die Schiffe bleiben heute weniger als 24 Stunden im Hafen.

Der Hamburger Hafen ist der **größte Hafen Deutschlands**. Das Hafengebiet erstreckt sich über 7425 ha, das ist ein Achtel der Stadtfläche. Rund 140 000 Arbeitsplätze sind in der Stadt vom Hafen abhängig. Allein 2001 wurden im Hamburger Hafen 92,4 Mio. t Güter umgeschlagen. Rund 11 800 Seeschiffe aus aller Welt laufen Hamburg pro Jahr an. Sie bringen Kaffee aus Südamerika, Teppiche aus dem Orient, Tee aus Indien, Hightech Geräte aus Japan, Gewürze, Öle, Getreide und Kohle. Der Containerhafen Hamburg ist darüber hinaus einer der zehn wichtigsten der Welt und innerhalb Europas der größte Bahncontainer-Umschlagplatz. Der Umschlag erreicht 4,2 Mio. Container im Gesamtgewicht von 32,9 Mio. t. Hamburg ist **Transithafen** für Österreich, die Schweiz, Skandinavien sowie Zentral- und Osteuropa. Besonders der Handel mit Russland wuchs in den letzten Jahren rapide an. Immer größere Bedeutung erhält der Überseehandel, vor allem mit Nord- und Südostasien: Dieser macht etwa 38% des Containerumschlags aus.

Aus allen Teilen der Welt kommen mit Containern dicht beladene Schiffe in die Hansestadt

98 Neuer Elbtunnel

Autobahn A7

Straßentunnel 28 m unter dem Wasserspiegel.

Auf 3325 m Länge erstrecken sich die *drei Röhren* des Neuen Elbtunnels, der von 1968 bis 1975 gebaut wurde und Teil der Bundesautobahn A 7 ist. Die eigentliche Tunnelstrecke misst 2653 m. Auf 1056 m Länge verläuft die **Autobahn** unterhalb der Unterelbe, und bei der Durchfahrt erreicht man eine maximale Tiefe von 28 m unter der Wasseroberfläche. Der Tunnel erstreckt sich unterhalb des Stadtteils **Othmarschen** und des Hafenbezirks **Waltershof**.

Immer mehr zu einem Nadelöhr geworden, wurde 1997 mit dem Bau einer 4. Tunnelröhre begonnen, die Ende 2002 fertig gestellt wurde. Die Umbauten am Tunnel werden bis Ende 2003 dauern.

99 Köhlbrandbrücke

Autobahn A7

Imposantes Wahrzeichen Hamburgs.

Ein modernes Wahrzeichen Hamburgs entstand 1970 bis 1974 mit der Köhlbrandbrücke. Sie ermöglicht seither die Überquerung der 300 m breiten, ›Köhlbrand‹ genannten **Verbindung** zwischen **Norder- und Süderelbe**. In einer Höhe von 50 m über dem Wasserspiegel verläuft die Fahrbahn; 130 m hoch sind die beiden markanten *Pylonen*, welche die Brückenkonstruktion tragen. Fußgänger und Radfahrer dürfen die 4 km lange Brücke nicht benutzen. Die Brücke verbindet **Waltershof** (Containerterminal) und **Neuhof** (Freihafengebiet).

100 Elbbrücken

Elbüberquerung seit 1887.

1872 wurde die Eisenbahnbrücke über Norder- und Süderelbe fertig gestellt. Noch heute fährt die S-Bahn über die Freihafenelbbrücke. Erst 1887 war dann die erste **Straßenverbindung** über die Elbe fertig, die den Dampffähren-Verkehr schließlich überflüssig machte. 1928 kam eine zweite Fahrbahn auf der Neuen Elbbrücke dazu. Beim Umbau 1957 bis 1969 wurden die beiden *neugotischen Tore* demontiert. Heute passiert man die Elbbrücke, wenn man über die A1 nach Hamburg fährt.

Herzstück der Hansestadt

Der Hamburger Hafen: **Dreh- und Angelpunkt der Stadtpolitik**. *Begonnen hat die Geschichte des Hafens nicht an der Elbe, sondern an dem kleinen Nebenfluss, der* **Alster**. *Die Kaufleute wohnten im 12. Jh. in der* **Reichenstraße**, *die entlang des Reichenstraßenfleets verlief. Dieser mündete in die Alster. Hier machten die Schiffe zum Be- und Entladen fest und brachten den Handelsherren den Reichtum, der der Straße den Namen gab.*

Mit der Gründung der Neustadt (um 1189) unmittelbar an der Alster wurde ein größerer Hafen notwendig. Die s-förmig gekrümmte Alster wurde oberhalb der Trostbrücke [s. S. 44] zum Nicolaifleet. Zusammen mit den von dort aus abzweigenden Fleeten lag hier für Jahrhunderte der Hamburger Hafen.

Die Hamburger Politik kannte zu dieser Zeit nur ein Ziel: die vorgelagerten Elbinseln und das Gebiet, in dem sich Norder- und Süderelbe trennten, unter die Herrschaft der Stadt zu brin-

Ozeanriesen und Kran-Kuddelmuddel in romantisches Licht getaucht: Der Hafen der Hansestadt

gen. Im Jahr 1395 kamen **Moorwerder** *und* **Ochsenwerder** *in hamburgischen Besitz. Zielstrebig begann man, den Strom zu regulieren, sodass die ursprünglich breitere und besser durchspülte Süderelbe Wasser verlor, das hinfort durch die Norderelbe und damit an Hamburg vorbeifloss. Hamburg wurde vom* **Alster- zum Elbehafen**.

Noch bis in die 30er-Jahre des 19. Jh. nutzte man die Elbe als Schiffsliegeplatz allerdings nur in einer Art: Im Strom wurden Duckdalben, meterlange Eichen- oder Lärchenstämme, niedergebracht, an denen die Seeschiffe festmachten. Die Fracht wurde dann auf kleinen Schiffen, den Schuten, in den Hamburger Hafen und dort zu den Speichern gebracht. Eine Vorgehensweise, die viel zu umständlich war, um dem schnell wachsenden **Warenumschlag** *zu genügen.*

Hamburg brauchte ein echtes Hafenbecken mit einer Kaimauer, mit Kränen und Lagermöglichkeiten. Mitte des 19. Jh. nahm man den Bau des **Sandtorhafens** *im Stadtgraben in Angriff. Diskutiert wurde zu dieser Zeit eine gewichtige Entscheidung: Sollte der Hamburger Hafen gegen die Elbe und damit gegen den Wechsel von* **Ebbe und Flut** *abgesperrt werden? In den modernen englischen Häfen fand sich das Dockprinzip, für das eine Schleuse notwendig war. Der englische Ingenieur Walker Lindley legte im Auftrag der Stadt einen Plan vor, der den Bau eines Dockhafens vorsah. Die Commercedeputation war aber nicht zufrieden mit dem Vorschlag. Denn im Unterschied zu den englischen Häfen machte in Hamburg der Unterschied zwischen Ebbe und Flut nur zwei Meter aus.*

Den **Walker-Lindley-Plan** *hatten mehr als vierzig Fachleute durchgearbeitet. Eine Schleuse wurde von den Profis als hinderlich für den Schiffsverkehr verworfen. Im Winter hätte außerdem die Gefahr bestanden, dass ein vom Fluss getrennter Dockhafen zufriert. So entschied sich Hamburg schließlich für einen offenen* **Tidehafen**, *der ständig ausgebaggert werden musste. Eine Entscheidung, die sich bis in unsere Tage als richtig erwiesen hat.*

Ausflüge ins Umland von Hamburg: Idylle pur

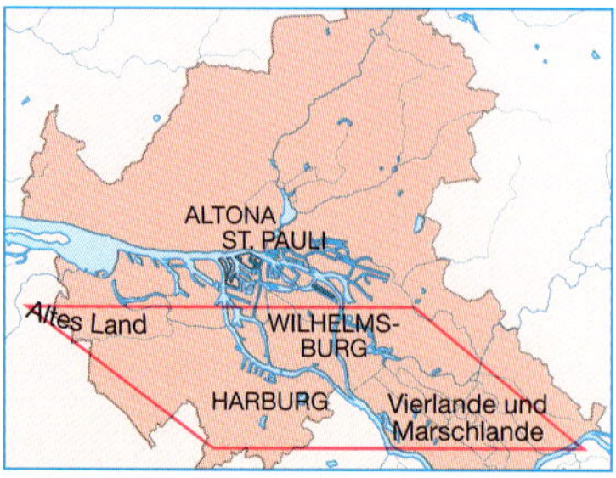

Für Ausflüge in die Umgebung von Hamburg bieten sich die idyllischen **Vierlande, Marschlande** sowie das **Alte Land** an. In diesen ›**Hamburger Obst- und Gemüsegärten**‹ lässt es sich nicht nur herrlich spazieren gehen. *Freilichtmuseen* zeigen, wie die Bauern hier in den vergangenen Jahrhunderten gelebt und gearbeitet haben. Weniger ländlich, aber dennoch einen Ausflug wert sind die Stadtteile Harburg und Wilhelmsburg. Obwohl mittlerweile bedeutende Industriestandorte, haben sie sich zum Teil ihre historischen Stadtkerne bewahrt.

101 Altes Land

B 73 ab Harburg. Bus 157, 257
Fähre Elbe-City-Jet nach
Stader Sand

Blütenpracht zwischen reetgedeckten Bauernhäusern.

Entlang der Elbe, zwischen Finkenwerder und Stade, liegt das nördlichste und größte **Obstanbaugebiet** Europas, das Alte Land. Der etwa 30 km lange und bis zu 7 km breite Marschgürtel wurde im 12. und 13. Jh. von Holländern besiedelt. Diese deichten das sumpfige Land ein und entwässerten es. Die ersten Obstbäume pflanzten dann im 14. Jh. Mönche aus Stade an. Seither ist der Obstanbau hier eine der *Haupteinnahmequellen*.

Die Menschen im Alten Land leben aber auch vom **Tourismus**. Denn die *Blütenpracht* der rund acht Millionen Obstbäume, die idyllischen Dörfer mit ihren reetgedeckten Bauernhäusern, die zahlreichen *Wander- und Radwege* und die hübschen Ausflugslokale ziehen jährlich zahlreiche Touristen und Ausflügler in das südwestlich vom Hamburger Stadtkern gelegene Gebiet. Von Hamburg aus kann man übrigens das Alte Land von Mai bis März auch per Elbfähre [s. S. 52] erreichen, über Cranz und Lühe. Die Schiffe legen u. a. an den St.-Pauli-Landungsbrücken ab.

Die größten Städte im Alten Land sind Stade und Buxtehude, beide am Rand dieser Region gelegen. In der einstigen Hansestadt **Buxtehude** (37 000 Einwohner) an der Este – 959 erstmals erwähnt – ist vor allem das *Altstadtviertel* um die im 13. Jh. begründete *Kirche St. Petri* sehenswert. Ein wenig holländisch mutet das historische Estefleet an, der frühere Binnenhafen. Im *Heimatmuseum* an der Petrikirche erhält man einen Überblick über die Lebensweise der Altländer.

Stade, das 1994 den 1000. Geburtstag feierte, war im Mittelalter eine der mächtigsten Städte an der Unterelbe: An der Elbe und dem schiffbaren Flüsschen Schwinge gelegen, entwickelte sich hier zwischen dem 11. und 17. Jh. ein wichtiger *Handelsumschlagplatz*. Viele der zahlreichen historischen Bauten, die nach dem Zweiten Weltkrieg wieder aufgebaut und restauriert wurden, stammen aus dieser Zeit. Zu den schönsten Sehenswürdigkeiten der Stadt (45 000 Einwohner) zählen das Viertel um den Alten Hafen, der zu einem **Museumshafen** umgestaltet wurde. Ebenso sehenswert sind die Fachwerkhäuser in der Altstadt und das barocke *Rathaus*, das von einem prächtigen Portal geschmückt wird. Eine Besichtigung wert sind die Kirchen St. Cosmae und St. Wilhadi. Die **Wilhadi-Kirche** (um 1340) hat einen geschnitzten *Altar* aus der Zeit um 1500. Er stellt das einzige mittelalterliche Kunstwerk dar, das den verheerenden Stadtbrand von 1659 überstanden hatte. In St. Cosmae (1137 begonnen) finden sich eine *Arp-Schnitger-Orgel* sowie ein barocker *Schnitzaltar* des Hamburger Künstlers Christian Precht von 1677.

Im Mittelalter bedeutender als Hamburg: Stade an der Schwinge gilt als eine der schönsten Städte Norddeutschlands

Als ›Hauptstadt des Alten Landes‹ gilt das Städtchen **Jork** mit seinen schönen *Altländer Bauernhäusern*. Diese aus rotem Ziegelstein errichteten Bauernhäuser sind mit weißem, geschnitztem Fachwerk versehen, und ihre Giebel werden von Schwanenköpfen bekrönt. Im **Museum Altes Land** (Westerjork 49) erfährt der Besucher Wissenswertes über die Lebensweise der Altländer (April – Okt. Di – So 11–17, Nov. – März Mi/Sa/So 13 – 16 Uhr). Im restaurierten **Gräfenhof**, der zum Teil aus dem 12. Jh. stammt, trifft man auf ein im typischen Stil der Region eingerichtetes *Trau- und Bürgermeisterzimmer*. Einen spätbarocken Altar und eine Orgel von Arp Schnitger findet man in der Kirche **St. Matthias**, die Mitte des 17. Jh. erneuert wurde.

Arp Schnitger (1648 – 1719), einer der bedeutendsten norddeutschen Orgelbauer der Barockzeit, lebte und starb im nahen kleinen Örtchen **Neuenfelde**. Eine seiner Orgeln findet man auch in der Neuenfelder Kirche **St. Pankratius** aus dem 17. Jh.

Im Neuenfelder Ortsteil **Nincop** sowie im **Guderhandviertel** bei Steinkirchen stehen ebenfalls zahlreiche Altländer *Bauernhäuser*, welche von aufwendig geschnitzten Prunkpforten geschmückt werden. Typisch für die Bauernhäuser sind übrigens auch die so genannten *Braut-Türen*, die jedoch nur bei besonderen Anlässen geöffnet wurden.

In **Estebrügge** ist der mit 8000 Schindeln gedeckte Holzturm der *Kirche St. Martini* sehenswert. Er hat sich im Lauf der Jahrhunderte um 36 Grad gedreht, da der weiche Marschboden unter seinem Druck nachgab.

Ein **Obstlehrpfad**, der in Borstel beginnt und über Jork, Guderhandviertel und Grünendeich nach Stade führt, informiert über den Obstanbau in dieser Region.

102 Vierlande und Marschlande

A 25 bzw. B 5, S-Bahn Billwerder-Moorfleet, Mittlerer Landweg, Nettelnburg und Bergedorf
Bus 120, 124, 221

Gemüse- und Obstgarten der Hansestadt.

Im Südosten Hamburgs, zwischen Elbe und Geestkante, liegt ein rund 130 km² großes Gebiet, das für **Gemüseanbau und Blumenzucht** berühmt ist, die Vier- und Marschlande. Bereits um 1200 begannen die Bauern, dieses Strömungsgebiet der Elbe zu entwässern, Deiche anzulegen und Häuser zu bauen. Zu erstem Wohlstand kam diese Region durch den **Getreideanbau**. Getreide war wichtiger Grundstoff für Bier, das die Hansestadt im Mittelalter exportierte. Ab dem 18. Jh. bauten die Marschländer immer mehr Gemüse an, die Vierländer spezialisierten sich auf Blumen- und Pflanzenzucht. Ihre Produkte boten (und bieten) sie auf den Hamburger Märkten an.

Besonders sehenswert ist Vierlande mit den Orten Curslack, Neuengamme, Kirchwerder und Altengamme. Im *Freilichtmuseum Rieck-Haus* in **Curslack** (Curslacker Deich 284), eine Außenstelle des Altonaer Museums, steht noch eines der für diese Region typischen *Hufnerhäuser*. Hufe war ein Durchschnittsmaß bäuerlichen Grundbesitzes. Das Rieck-Haus stammt aus dem 16. und 17. Jh. und ist mit original *Vierländer Möbeln* eingerichtet. Auf dem Gelände des Freilichtmuseums befinden sich zudem eine Scheune von 1663 sowie eine Feldentwässerungsmühle (1800) aus Ochsenwerder. Weitere schöne Bauernhäuser stehen am Curslacker Deich. Die *Fachwerkkirche St. Johannis* geht auf das Jahr 1599 zurück und hat eine sehenswerte Kanzel aus dem gleichen Jahr.

In **Neuengamme** finden sich reich verzierte *Bauernhäuser* und die Kirche *St. Johannis* (Baubeginn im 13. Jh., vergrößert und erweitert bis 1803). Im Kirchenraum beeindrucken das üppig mit Intarsien verzierte *Gestühl* aus dem 17.–19. Jh. sowie die *Kronleuchter* aus den Jahren 1596 und 1644. In Neuengamme befindet sich auch eine *KZ-Gedenkstätte*: 1938 wurde von den Nazis am Neuengammer Heerweg (heute Jean-Dolidier-Weg) in einer Ziegelei ein Außenlager des Konzentrationslagers Sachsenhausen eingerichtet. Rund 55 000 Häftlinge wurden hier bis 1940 ermordet. Eine ständige *Ausstellung* im Dokumentenhaus informiert über die Geschichte des Lagers und das Leid der Gefangenen.

Ersetzen die Rasenmäher: Schafe halten das Gras auf den Deichen kurz

In **Altengamme** steht eine der schönsten Dorfkirchen Norddeutschlands, die *Kirche St. Nikolai* aus dem 13. Jh. Im freistehenden *Glockenturm* hängt die 1487 gegossene ›Celsaglocke‹. Sie gehörte ebenso wie die *Taufe* aus dem 14. Jh. zum Mariendom in Hamburg, der zu Beginn des 19. Jh. abgerissen wurde [s. S. 42]. Sehenswert ist zudem das mit Intarsien und Schnitzereien verzierte *Gestühl*.

In den **Marschlanden** wohnten bis Anfang des vergangenen Jahrhunderts wohlhabende Kaufleute in ihren Landhäusern. Das um 1600 errichtete und 1780 ausgebaute *Glockenhaus* am Billwerder Billdeich Nr. 72 ist eines der ältesten dieser Landhäuser. In diesem Haus befindet sich heute das *Deutsche Maler- und Lackierer-Museum*, das einen Überblick über sechs Jahrhunderte dieses Handwerks gibt.

Über die Vor- und Frühgeschichte der Region informiert das *Museum für Bergedorf und die Vierlande* im **Bergedorfer Schloss**. Das Schloss liegt inmitten einer Parkanlage, umgeben von den Resten einst hoher Erdwälle und breiter Burggräben aus mittelalterlicher Zeit.

Öffnungszeiten Freilichtmuseum Rieck-Haus ***S. 128***, KZ-Gedenkstätte ***S. 129***, Deutsches Maler- und Lackierer-Museum ***S. 128***, Museum für Bergedorf und die Vierlande ***S. 129***

103 Harburg und Wilhelmsburg

Zufahrt über A1/A7, dann B4/B75
S-Bahn Harburg, S-Bahn Wilhelmsburg. Bus 151, 154, 155

Zwischen Industrie und Deichen.

Der Name Harburgs, am Südufer der Süderelbe gelegen, geht auf die ›Horeburg‹

Augenweide – Blütenmeer und Bauernhäuser im Alten Land

zurück, die 1133 den Elbübergang sicherte. Die Siedlung an der Burg erhielt 1297 Stadtrecht, 1527 wurde **Harburg** gar **Residenz** einer Nebenlinie des Herzogtums Braunschweig-Lüneburg. Seit 1866 war Harburg preußisch. Seine Bedeutung als **Industriestandort** erhielt Harburg durch seinen Elbehafen, die Ansiedlung der Gummifabrik ›Phoenix-Werke‹ und ab 1872 durch den Bau der *Elbbrücken,* welche eine direkte Verkehrsverbindung zu Hamburg ermöglichten. 1937 war schließlich Schluss mit der Selbstständigkeit, und Harburg wurde zusammen mit Wilhelmsburg in die Hansestadt Hamburg eingemeindet. Einen Überblick über die Geschichte dieses Stadtteils erhält man im **Helms-Museum**, dem **Hamburger Museum für Archäologie und die Geschichte Harburgs** (Museumsplatz 2).

Vom alten Harburg kann der Besucher heute nur noch wenig sehen, denn die Bomben aus dem Zweiten Weltkrieg zerstörten fast die Hälfte der Stadt. Trotz der nicht allzu geglückten Nachkriegsbauten hat sich der Stadtkern durch Baumaßnahmen in jüngster Zeit zu seinem Vorteil entwickelt. So wurde zum Beispiel die historische *›Lämmertwiete‹* mit Fachwerkhäusern aus dem 17. und 18. Jh. geschmackvoll restauriert. In den schmucken alten Häusern finden sich heute zahlreiche Restaurants. Einige Fachwerkhäuser aus dem 16. bis 18. Jh. sind auch in der *Schlossstraße* erhalten geblieben.

Öffnungszeiten *Hamburger Museum für Archäologie und die Geschichte Harburgs – Helms-Museum* ***S. 128***

Wilhelmsburg, auf einer Insel zwischen Süder- und Norderelbe gelegen, präsentiert sich als eine Mischung aus Industrie- und Hafenanlagen sowie zum Teil ländlichen Wohngebieten und ist der flächenmäßig größte Stadtteil Hamburgs.

Die eingedeichte Insel, die im 14. Jh. den Herren von Grote und im 17. Jh. den Herzögen von Lüneburg-Celle gehörte, wurde wie Harburg 1937 eingemeindet. Während der Flutkatastrophe 1962 gab es auf der Insel verheerende Schäden – 207 Menschen fielen dem Wasser zum Opfer. Im ehemaligen *Amtshaus* aus dem Jahr 1724 (Kirchdorfer Str. 163) informiert ein Museum über die Geschichte Wilhelmsburgs.

Das *historische Zentrum* ist **Kirchdorf** mit der *Kreuzkirche* aus dem Jahr 1614, dem Küsterhaus aus dem 17. Jh. und dem Amtshaus. Das Amtshaus steht auf den Grundmauern der ehemaligen Burg des Adelshauses der Groten. An der Ecke Kirchdorfer Straße/Am Deichdenkmal erheben sich zwei *Betonstelen*, die an die Flutkatastrophe und deren Opfer erinnern. Von ländlichem Charakter geprägt ist der Ortsteil **Moorwerder** östlich der Autobahn. Hier finden sich entlang der Deiche noch zahlreiche schöne *reetgedeckte Bauernhäuser.*

DOM

FEUERWEHR

Hamburg aktuell A bis Z

Vor Reiseantritt

ADAC Info-Service:
Tel. 0 18 05/10 11 12,
Fax 0 18 05/30 29 28 (0,12 €/Min.)

ADAC im Internet: www.adac.de
www.adac.de/reisefuehrer

Hamburg im Internet:
www.hamburg.de

www.hamburg-tourismus.de
Hotels, Pauschalprogramme, Infos und Prospekte, Hamburg Card, Power Pass, Tickets für viele Veranstaltungen u. v. m. gibt es bei der:

Tourismus-Zentrale Hamburg GmbH, Postfach 10 22 49, 20015 Hamburg, Hamburg Hotline

Allgemeine Informationen

Tourismusämter

Tourist Information im Hauptbahnhof, Wandelhalle, Ausgang Kirchenallee, tgl. 7–22 Uhr, Tel. 3 00 51-2 00

Tourist Information am Hafen, St.-Pauli-Landungsbrücken, zw. Brücke 4 und 5, April–Sept. tgl. 8–20, Okt.–März tgl. 10–17.30 Uhr, Tel. 3 00 51-203

Tourist Information Alster Lounge, U-/S-Bahnhof Jungfernstieg, April–Okt. tgl. 9–18.30, Nov.–März Mo–Fr 10–18, Sa bis 16 Uhr, So nach Bedarf

Die **Hamburg Card** gewährt freie Fahrt mit den öffentlichen Verkehrsmitteln, Ermäßigungen bei Rundfahrten und freien Eintritt in viele Museen. Er gilt für 1–3 Tage und für max. 5 Personen. Der etwas günstigere **Power Pass** gilt 1–7 Tage und enthält ebenfalls freie Fahrt mit den öffentlichen Verkehrsmitteln sowie freien Eintritt in zahlreiche Kinos, Theatern, Diskotheken u. ä. Beide Karten erhält man bei den Tourist Informationen, die Hamburg Card auch in vielen Hotels und an den HVV-Fahrkartenautomaten.

Notrufnummern

Polizei: Tel. 110
Feuerwehr: Tel. 112
Rettungsdienst: Tel. 112

ADAC-Notrufzentrale München:
Tel. 0 89/22 22 22 (rund um die Uhr)

ADAC-Ambulanzdienst München:
Tel. 0 89/76 76 76 (rund um die Uhr)

◁ *Schnappschüsse aus dem kunterbunten Getriebe der Hansestadt*

Autobahn-Notrufsäule: Ausdrücklich ADAC-Hilfe verlangen

ADAC-Geschäftsstellen:
Amsinckstraße 39–41
Karl A. Körber-Chaussee 66
Großmoordamm 69

Österreichischer Automobil Motorrad und Touring Club
ÖAMTC Schutzbrief-Nothilfe:
Tel. 00 43/(0)1/2 51 20 00

Touring Club Schweiz
TCS Zentrale Hilfsstelle:
Tel. 00 41/(0)2 24 17 22 20

Ärztliche Versorgung

Apotheken-Notdienst zu erfahren bei der nächsten Polizeidienststelle

Ärztlicher Notfalldienst, Tel. 22 80 22

Giftinformationszentrale, Tel. 05 51/1 92 40

Tierärztlicher Notfalldienst, Tel. 43 43 79 (20–8 Uhr)

Zahnärztlicher Notdienst, Tel. 33 11 55 und 1 92 46

Fundbüros

Städtisches Fundbüro, Bäckerbreitergang 73, Tel. 35 18 51 (Bandansage) oder Tel. 4 28 41-17 35 (Zentrale)

S-Bahn-Fundbüro, Service Points am Hauptbahnhof und Bahnhof Altona oder Tel. 0 18 05/99 05 99

Anreise

Auto

Die Hansestadt Hamburg ist an mehrere Autobahnen angeschlossen. Kommt man aus **Richtung Bremen**, so führt die **A 1** in die Stadt. Aus **südlicher und nördlicher Richtung** erreicht man über die **A 7** die Elb-Metropole, das westliche Holstein erschließt die **A 23**. **Von Berlin aus** fährt man auf der **A 24** in Richtung Hamburg.

Umfangreiches **Informations-** und **Kartenmaterial** können ADAC-Mitglieder kostenlos unter Tel. 0 18 05/10 11 12 (0,12 €/Min.) anfordern. Außerdem sind im ADAC Verlag erschienen: StadtPlan bzw. CityPlan *Hamburg* (1:25 000), Falt-Plan *Hamburg* (1 : 15 000), StadtAtlas (1 : 20 000) und CityAtlas *Hamburg* (1 : 15 000) sowie Freizeit Atlas *Schleswig-Holstein Hamburg* (1 : 100 000) (Internet: www. adac.de/karten).

Bahn

Hauptbahnhof im Stadtzentrum (Knotenpunkt Nah- und Fernverkehr, Anschluss an alle U- und S-Bahn-Linien), **Dammtor** westlich der Außenalster (direkt neben dem CCH), **Altona** (Züge Richtung Nordseeküste)

Fahrplanauskunft:

Deutschland

Deutsche Bahn, Tel. 1 18 61 (gebührenpflichtig), Tel. 08 00/ 1 50 70 90 (sprachgesteuert), Internet: www.bahn.de

Deutsche Bahn AutoZug, Tel. 0 18 05/ 24 12 24 (gebührenpflichtig), Internet: www.autozug.de

DB NachtZug, Tel. 0 18 05/14 15 14 (gebührenpflichtig), Internet: www.nachtzug.de

Österreich

Österreichische Bundesbahn, Tel. 05 17 17, Internet: www.oebb.at

Schweiz

Schweizerische Bundesbahnen, Tel. 09 00 30 03 00, Internet: www.sbb.ch

CityNightLine (›Komet‹: Zürich – Hamburg), Tel. 0 18 05/21 34 21 (gebührenpflichtig), Internet: www.citynightline.ch

Flugzeug

Der **Flughafen Fuhlsbüttel** liegt zentral am nördlichen Stadtrand, vom Zentrum aus in mit dem Auto in 15–20 Minuten zu erreichen. Ab Hauptbahnhof U1 oder S1 bis Ohlsdorf, dort Anschluss mit dem Airport Express. Praktischer ist die Fahrt mit dem Airport-City-Express direkt ab Hauptbahnhof (alle 20 Minuten).

Flughafeninformation Tel. 50 75-0, Internet: www.ham.airport.de

Bank, Post, Telefon

Bank

Öffnungszeiten von Banken und Sparkassen in der Regel Mo–Fr 9–13 und 14.30–16, Do bis 18 Uhr

Post

Öffnungszeiten im Allgemeinen Mo–Fr 8–18, Sa 8–12 Uhr
Postamt am Hauptbahnhof, Ausgang Kirchenallee, tgl. 6–22 Uhr

Telefon

Die **Vorwahl** von Hamburg ist 0 40.

Einkaufen

Geschäftszeiten im Allgemeinen Mo–Sa 9–20 Uhr. In der Wandelhalle des Hauptbahnhofs und im Flughafen tgl. 7 bzw. 8 – 22 bzw. 23 Uhr.

Antiquitäten

Edle Antiquitätengeschäfte findet man um den *Gänsemarkt* (ABC-Straße, Hohe Bleichen, Große Bleichen). In *Uhlenhorst* (Hofweg, Papenhuder Straße) lohnt sich ein Bummel für Liebhaber von antiquarischen Möbeln und Schmuck. Originelles kann man ebenfalls in der *Langen Reihe* und Umgebung sowie im *Karo-* und *Schanzenviertel* aufstöbern.

Antik-Center, Klosterwall 9–21. Große Auswahl an antiken Möbeln und Objekten.

Capitano, Große Johannisstraße 17. Maritime Antiquitäten.

I. Weidle, Isestraße 76. Art déco und Jugendstil.

Auktionshäuser

Carl F. Schlüter, Alsterufer 12. Ältestes Kunstauktionshaus Norddeutschlands.

Dr. Heuser & Grethe, Hohe Bleichen 14–16. Monatliche Kunst- und Nachlassauktionen.

Christie's, Wentzelstraße 21. Filiale des berühmten englischen Auktionshauses.

Schopmann, Speersort 1. Kunst, Gemälde, Porzellan, Schmuck, Möbel und Teppiche.

Extras und Accessoires

Aurim, Hegestraße 52. Fantasievoller und edler Gold- und Silberschmuck.

Brahmfeld & Gutruf, Jungfernstieg 12. Deutschlands ältester Juwelier.

Caledonian House, Valentinskamp 24. Schottische Kleidung und Spezialitäten.

Condomerie, Spielbudenplatz 18. Kondome aller Art.

Cucinaria, Ludwigstraße 12. Das El Dorado für Hobbyköche in Hamburg.

Die Rose, Eppendorfer Stieg 10. Fachgeschäft für Rosen und Accessoires.

Dr. Götze Land & Karte, Bleichenhofpassage und Wandelhalle im Hauptbahnhof. Eine Riesenauswahl an Reisebüchern und Karten.

Eins zwei drei, Passage Hanse-Viertel. Geschenke und Geschirr.

Elke Martensen, Oberstraße 135. Edle handgearbeitete Hüte.

Kaufrausch, Isestraße 74. Accessoires, Schmuck, Schuhe, Dessous.

Paul Hundertmark, Spielbudenplatz 9. Cowboy-Accessoires, Western-Boots und Jeans.

Prediger, Mönckebergstraße 25. Deutschlands größtes Fachgeschäft für Licht und Leuchten.

Stilwerk, Große Elbstraße 68. Verschiedene Designerläden in einer Edelpassage am Hafen.

Waltraud Bethge, ABC-Straße 9. Edle Papiere, feine Büroartikel.

Feinkost

Karstadt ›Mö‹, Mönckebergstraße 16. Delikatessenabteilung mit internationalen Spezialitäten.

Kruizenga, Maria-Louisen-Straße 13. Beliebtes Feinschmecker-Geschäft der hanseatischen High Society.

Lario, Blankeneser Landstraße 3. Italienische Feinkost.

Leysieffer, Hanse-Viertel. Hier kommen Konfektliebhaber auf ihre Kosten.

P. C. Meyer & Sohn, Eppendorfer Baum 10. Feine Delikatessen.

Galerien und Antiquariate

Art Store, Wohlwillstraße 10. Fantasievolle und günstige Ölbilder unbekannter Künstler.

Galerie Brockstedt, Magdalenenstraße 11. Kunst des 20. Jh.; u. a. Werke des berühmten Zeichners Horst Janssen.

Elbdörfer Galerie, Osdorfer Landstraße 233. Hamburger Maler.

Galerie der GEDOK, ›The Power of Women's Art‹, Koppel 66/Lange Reihe 75. Zeitgenössische (Bilder, Installationen, Videos, Plastiken u. a.) und angewandte Kunst.

Hamburger Bücherstube Felix Jud, Neuer Wall 13. Traditionsreiches Antiquariat.

K3 auf Kampnagel, Jarrestraße 20–24. Wechselnde Ausstellungen heimischer Künstler und Fotografen.

Kunst- und Medienzentrum Fleetinsel, Admiralitätsstraße 71. Mehrere Galerien zeigen junge internationale Kunst.

Libresso, Binderstraße 24. Antiquariat mit Café im Univiertel.

Galerie Mewes, Lehmweg 51. Kunst des 19. und 20. Jh.

Poster-Galerie, Große Bleichen 31. Poster in großer Auswahl.

PPS-Galerie, Feldstraße, Hochhaus 1 (Bunker). Fotogalerie des Modefotografen F. C. (Franz Christian) Gundlach.

Produzentengalerie, Michaelis-Brücke 3. Arbeiten von Hamburger Kunststudentinnen und -studenten.

Galerie Vera Munro, Heilwigstraße 64. Minimalistische und konzeptuelle Kunst.
Wohlers, Lange Reihe 68. Antiquariat in St. Georg.

Hamburgisches

In Läden und an Ständen rund um die *St.-Pauli-Landungsbrücken* kann man die interessantesten **Souvenirs** kaufen, von Hummel-Figuren (Wasserträger) über Seehundfell-Schlüsselanhänger bis zu Prinz-Heinrich-Mützen. In den Straßen entlang der *Hafenkante* (Baumwall, Vorsetzen) bieten zahlreiche nautische TOP TIPP Geschäfte **Maritimes aller Art**, Instrumente und Ausstattungsstücke, an: Kompasse, Schiffslampen, Taue oder maritime Kleidungsstücke wie z. B. Troyer.

TOP TIPP **Buddel-Bini**, Lokstedter Weg 68. Buddelschiffe, Augenweide für Bastler.

Captain's Cabin, Landungsbrücken 3. Geschenke, die nach Seeluft riechen – und manchmal auch nach Kitsch.

Eckardt & Messtorff, Rödingsmarkt 16, Seekarten.

Harry's Hafenbasar, Bernhard-Nocht-Straße 89. Kurioses und Originelles aus der ganzen Welt.

Es bleibt die große Frage: Wie kommt das Schiffchen in die Flasche?

Maritimes von A–Z, Winterhuder Weg 20–24. Bilder, Messingartikel, Buddelschiffe.

See Busch, Baumwall 5–7. Segelbekleidung.

Märkte

Wochenmärkte gibt es in nahezu allen Hamburger Stadtteilen. Auch wenn es mit frühem Aufstehen verbunden ist, sollte man natürlich keinesfalls den **Fischmarkt** (St.-Pauli-Fischmarkt, So, April–Sept. 5–10 Uhr, Okt.–März ab 7 Uhr) versäumen. Doch auch einige der Stadtteil-Wochenmärkte lohnen einen Besuch. Besonders schön sind der **Isemarkt** (Isestraße, Di und Fr 8.30–14 Uhr) und der **Goldbek-Markt** (Goldbekufer, Di, Do und Sa 8.30–13 Uhr).

Zeiten und *Veranstaltungsorte* der Flohmärkte erfährt man in der Tagespresse oder erfragt sie bei Veranstaltern (z. B. Bergmann Tel. 46 88 22 13, Kontra Tel. 5 31 50 51).

Mode

Die ›ersten‹ Adressen der **Haute Couture** liegen in den Straßen und Passagen zwischen *Rathausmarkt* und *Gänsemarkt*. Hier im ›Quartier Satin‹ sind traditionsreiche hanseatische Geschäfte und internationale Designer ansässig. Einen Bummel entlang der edlen Schaufensterauslagen sollte man auf keinen Fall versäumen, auch wenn man nur über einen kleineren Geldbeutel verfügt. Für modebewusste Hamburg-Besucher empfiehlt sich außerdem ein Shopping-Abstecher in die Stadtteile *Pöseldorf*, *Eppendorf* und *Winterhude* mit ihren zahlreichen Boutiquen, in denen man teilweise tolle Schnäppchen machen kann. Wer es extravagant liebt, sollte sich in den Mode-Läden in *Marktstraße* und *Feldstraße* sowie im *Schanzenviertel* umsehen.

Amad, Marktstraße 139. Extravagante und ausgeflippte Mode.

Angelo's, Weidenstieg 11 und Eppendorfer Weg 217. Klassisch-moderne Damen- und Herrenmode.

Burberry's of London, Neuer Wall 2–6. Englische Herrenklassiker.

Fontelina, Galleria, Große Bleichen 21. Exklusive Secondhand-Kleidung.

Jil Sander, Neuer Wall 43. Edle Mode im Understatement-Stil.

Ladage und Oelke, Neuer Wall 11. Gediegener Hamburger Herrenausstatter.

Linette, Jungfernstieg 41. Sportliche und edle Damenbekleidung internationaler Hersteller.

Lunatic, Schanzenstraße 3. Fantasievolle junge Mode für Frauen.

Mientus, Neuer Wall 48. Internationale Herrenmode.

Petra Teufel, Neuer Wall 63. Ausgefallene Designerstücke.

Selbach, Jungfernstieg 41–42. Hanseatisch-schlichte Herrenmode.

Steffi-Moden, Poststraße 18. Klassische Damenmode.

Thomas-i-Punkt, Mönckebergstraße 21 und am Gänsemarkt. Moderne Leinen- und Strickbekleidung für Sie und Ihn.

Unger, Neuer Wall 35. Hochwertige Designermode.

Versace, Schleusenbrücke 1. Italienische Designermode.

Musik

Basements, Rutschbahn 3. Hier gibt es noch Musik auf Vinyl.

Hanse-Viertel Schallplatten, Große Bleichen 36. Große Auswahl an Klassik, Pop, Jazz und Folklore.

Ingo's Plattenkiste, Grindelallee 41. Mehr als 20 000 CDs, Secondhand und neu, Musikvideos.

Pop, Klosterallee 100. Indie-Rock, Soul, HipHof und Jazz.

Steinway, Colonnaden 29. Stammhaus des traditionsreichen Instrumenten- und

Musikgeschäftes. Große Klassik-Auswahl, Noten.

Tunnel-Records, Große Freiheit 70. Techno-Music.

WOM (World of Music), im Alsterhaus am Jungfernstieg 16. Größte CD-Auswahl Hamburgs.

Essen und Trinken

Cafés

Amphore, Hafenstraße 140, Tel. 31 79 38 80. Café-Bar mit Aussicht.

Andersen, Jungfernstieg 26 (im ›Hamburger Hof‹), Tel. 68 94 64-0. Große Torten- und Pralinenauswahl aus eigener Herstellung.

Bar Tabac, Große Bleichen 21, Tel. 35 71 98 51. Ideal gelegenes Café zum Ausspannen nach einem Innenstadtbummel.

Café Katelbach, Große Brunnenstr. 60, Tel. 3 90 55 11. Mo–Fr ab 17, Sa ab 16, So ab 15 Uhr.

Café Liebermann, Glockengießerwall 1, Tel. 32 52 51 79. Café in der Kunsthalle.

Café Lindtner, Eppendorfer Landstraße 88, Tel. 4 80 60 00. Traditionsreiche Konditorei in Eppendorf.

Café Schöne Aussichten, Gorch-Fock-Wall 2, Tel. 34 01 13. Szenetreff, Frühstücksbuffet am Sonntag mit Blick auf den Alten Botanischen Garten.

TOP TIPP **Café Schwanenwik**, Schwanenwik 38, Tel. 2 20 13 09. Literaturszene, großzügiges Saal-Ambiente mit Stuckdecke.

Café Strauß, Wiesenstraße 46, Tel. 49 31 31. Café mit schönem Garten und Restaurant.

Café Unter den Linden, Juliusstr. 16, Tel. 43 81 40. Hausgemachte Kuchen mitten im Schanzenviertel.

Condi, Neuer Jungfernstieg 9–14, Tel. 34 94 33 15. Café im Hotel ›Vier Jahreszeiten‹. Mit Biedermeiermöbeln eingerichtet, Blick auf die Binnenalster.

Fees, Holstenwall 24, Tel. 3 17 47 66. Café im Museum für Hamburgische Geschichte mit großer Frühstückskarte.

Petit Café, Hegestraße 29, Tel. 4 60 57 76. Kleines und gemütliches Kaffeehaus.

Transmontana, Schulterblatt 86, Tel. 4 39 74 55. Portugiesisches Stehcafé und Szenetreff im Schanzenviertel.

Cafés und Restaurants an der Elbe

Café Blankenese, Blankeneser Hauptstraße 157, Tel. 86 83 23. Gemütliches Café im Ortskern von Blankenese.

Café Engel, Anleger Teufelsbrücke, Ponton, Tel. 82 41 87.

Schulauer Fährhaus, Parnaßstraße 29, Wedel, Tel. 0 41 03/92 00-0. In der Schiffsbegrüßungsanlage Willkommhöft, die jedes größere vorbeifahrende Schiff mit mit der jeweiligen Nationalhymne und -fahne begrüßt.

Strandcafé, Övelgönne 1, Tel. 3 90 34 43. Von der Terrasse sieht man auf die Elbe und den Museumshafen.

Strandperle (April–September), Am Schulberg/Elbufer, Tel. 8 80 11 12. Szenetreffpunkt auch abends. Im Sommer setzen sich die Gäste mit ihren Getränken einfach in den Sand.

TOP TIPP **Witthüs Teestuben**, Elbchaussee 499 a, Tel. 86 01 73. Traditionslokal im Hirschpark.

Terrassencafés an der Außenalster

Bobby Reich, Fernsicht 2, Tel. 48 78 24. Blick über die ganze Außenalster, besonders einladend ist die große Terrasse.

Café Leinpfad, Anleger Winterhuder Fährhaus, Tel. 46 48 56. Hier ist die Alster schon ein schmaler Fluss.

Fiedler's, Hofweg 103, Tel. 2 27 74 03. Blick auf den Osterbekkanal, beliebter Szenetreff auch am Abend.

Kalenbach, Moorfuhrtweg 9, Tel. 27 59 09. Direkt am Goldbekkanal; Stadtteiltreff nachmittags und abends.

Internet-Cafés

Café Online, Neuer Pferdemarkt 36, Tel. 43 25 45 70, Di–Fr 15–22 Uhr

Escape, Osterstraße 50, Tel. 14 19 70 09, tgl. 12–24 Uhr;

Funclub Internetcafé, Fischers Allee 78, Tel. 39 90 10 09, So–Do 14–1, Fr/Sa 14–2.30 Uhr

Spiele Netzwerk, Kleiner Schäferkamp 24, Tel. 45 03 82 10, tgl. 11–3 Uhr

Bistros und Szene-Restaurants

Brücke, Innocentiastraße 82, Tel. 4 22 55 25. Treffpunkt der Medien- und Modeszene.

Cox, Greifswalder Straße 43, Tel. 42 94 22. Gehobene Küche in stilvollem Ambiente.

TOP TIPP **Eisenstein**, Friedensallee 9, Tel. 3 90 46 06. Ehemaliges Fabrikgebäude. Sehr laut, aber die Pizza schmeckt hier wie in Italien.

Fit for Fun, Milchstraße 1, Tel. 41 32 01 11. Der Name ist natürlich Programm, hier gibt es gesundes Essen.

Factory, Hoheluftchaussee 95, Tel. 4 20 37 11. Rustikale Küche in ehemaliger Fabrik mit Garten.

Jena Paradies, Klosterwall 23, Tel. 32 70 08. Neue deutsche Küche zu angemessenen Preisen.

Kochsalon, Bernhard-Nocht-Straße 95, Tel. 31 79 60 70. Deftige Küche für Szenegänger.

Linde, Dockenhudener Str. 12, Tel. 86 66 38 01. Blankeneser In-Laden mit Biergarten.

Luxor, Max-Brauer-Allee 251, Tel. 4 30 01 24. Hervorragende internationale Kreationen; schlichte aber herzliche Atmosphäre.

Mess, Turnerstraße 9, Tel. 43 41 23. Sehr gute, junge internationale Küche.

Nil, Neuer Pferdemarkt 5, Tel. 4 39 78 23. Moderne Küche zu moderaten Preisen.

Rexrodt, Papenhuder Straße 35, Tel. 2 29 71 98. Vom ehemaligen Schlachterladen zeugen noch die Wandkacheln. Hervorragende mediterrane Speisen, aber nicht billig.

Rialto-Bar, Michaelisbrücke 3, Tel. 36 43 42. Internationale, anspruchsvolle Küche.

Vienna, Fettstraße 2, Tel. 4 39 91 82. Eng, doch gemütlich. Leckere Küche.

Weite Welt, Große Freiheit 70, Tel. 3 19 12 14. Gehobene Küche in schlichter Atmosphäre.

Zeik, Oberstraße 14a, Tel. 4 20 40 14. In den Grindelhochhäusern. Verschiedene delikate Küchenstile.

Hamburger Traditionsküche

Alt Hamburger Aalspeicher, Deichstraße 43, Tel. 36 29 90. Vielfältige Aalgerichte, Blick auf den Nikolaifleet.

Gröninger-Braukeller, Ost-West-Straße 47, Tel. 33 13 81-5. Eigene Brauerei, rustikal-bürgerliche Küche.

Deichgraf, Deichstraße 23, Tel. 36 42 08. Traditionelle hanseatische Gerichte, historisch-edles Ambiente.

Feuerschiff, City Sporthafen, Vorsetzen, Tel. 36 25 53/54. Unter Deck und auf dem früheren Helikopterdeck serviert man Labskaus und Fischplatte.

Fleetenkieker, Börsenbrücke 10, Tel. 37 51 89-06. Stimmungslokal mit Shanties. Deftig-rustikale Gerichte.

Krameramtsstuben, Krayenkamp 10, Tel. 36 58 00. Hamburger Küche in historischer Umgebung.

Old Commercial Room, Englische Planke 10, Tel. 36 63 68. Seit 1643 Traditionsrestaurant. Spezialität: Labskaus.

Ratsweinkeller (im Rathaus), Tel. 36 41 53. Norddeutsche Regionalküche.

Rickmer Rickmers, Landungsbrücken, Brücke 1, Tel. 35 69 32 07. An Bord des Museums-Windjammers werden regionale Speisen serviert.

Schümann's Austernkeller, Jungfernstieg 34, Tel. 34 53 28. Traditionsrestaurant im Jugendstil. Spezialität: Austern.

Zum Alten Rathaus, Börsenbrücke 10 (im Haus der patriotischen Gesellschaft), Tel. 37 51 89-08. Regionale und mediterrane Küche.

Zum Brandanfang, Deichstraße 25, Tel. 36 55 20. Hanseatische Gerichte.

Zur Schlachterbörse, Kampstraße 42, Tel. 4 30 13 34. Der Name lässt es bereits vermuten: Hier gibt es vor allem Fleischiges mit leckeren Bratkartoffeln.

Fischrestaurants

Alt Helgoländer Fischerstube, Fischmarkt 4, Tel. 3 19 46 96. Maritime Einrichtung, Elbblick.

Fischereihafen-Restaurant, Große Elbstraße 143, Tel. 38 18 16. ›Erstes‹ Haus für Fischliebhaber. Blick auf den Hafen.

Fischerhaus, St. Pauli Fischmarkt 14, Tel. 31 40 53. Gute, reichhaltige und preiswerte Fischgerichte. Atmosphäre der 1950er-Jahre und relativ laut.

Fischküche, Kajen 12, Tel. 36 56 31. Hanseatische und internationale Fischspezialitäten. Den Köchen kann man bei der Arbeit zusehen.

Lobsterhouse, Große Elbstraße 96, Tel. 3 89 58 88. Schalen- und Krustentiere.

Nikolaikeller, Cremon 36, Tel. 36 61 13. In einem ehemaligen Zuckerspeicher. Gotisches Gewölbe. Größte Matjeskarte Deutschlands.

Rive, Van-der-Smissen-Straße 1, Tel. 3 80 59 19. Norddeutsche und internationale Fischgerichte, zu genießen mit Blick auf den Hafen.

Gourmet-Restaurants

TOP TIPP **Au Quai**, Große Elbstraße 145 b-d, Tel. 38 03 77 30. Modernes Restaurant der Spitzenklasse mit grandioser Aussicht auf die Elbe.

La Mer, An der Alster 9, Tel. 24 83 40 40. Spitzenrestaurant der internationalen Küche mit stilvoller Einrichtung.

Landhaus Dill, Elbchaussee 94, Tel. 3 90 50 77. Treffpunkt für Feinschmecker. Französisch inspirierte Küche.

Landhaus Scherrer, Elbchaussee 130, Tel. 8 80 13 25. Nummer eins der Nouvelle Cuisine und Regionalküche. Erlesene Weine.

TOP TIPP **Le Canard**, Elbchaussee 139, Tel. 8 80 50 57. Spitzenrestaurant in postmodernem Ambiente. Küchenchef Josef Viehhauser garantiert exzellente Speisen.

Marinas, Schellerdamm 26, Tel. 7 65 38 28. Inmitten des eher trostlosen Harburger Hafens hat sich Michael Wollenberg einen Michelinstern erkocht.

Tafelhaus, Holstenkamp 71, Tel. 89 27 60. Vorzügliche Küche, nicht ganz billig.

Wollenberg, Alsterufer 35, Tel. 4 50 18 50. Das Toprestaurant von Koch Klaus Wollenberg liegt direkt an der Außenalster.

Nationalitäten-Restaurants

Amerikanisch

American Place, im Hotel Marriott, ABC-Straße 52, Tel. 35 05 17 35. Speisen wie in den USA.

Dexter's, Milchstraße 3–4, Tel. 44 77 78. Leckere Burger serviert auf rot-weiß gewürfelten Tischdecken.

Graceland, Stresemannstraße 374, Tel. 89 96 31 00. Amerikanische Südstaatenküche.

Hollywood Canteen, Ottensener Hauptstraße 52, Tel. 3 90 88 88. Einfache amerikanische Spezialitäten. Typisches US-Ambiente.

Asiatisch

Baan Thai, Gänsemarkt 50, Tel. 34 04 41. Mehr als 100 thailändische Spezialitäten, die Schärfe ist dem europäischen Geschmack angepasst.

Bangkok, Speersort 1, Tel. 33 61 59. Gut gewürzte Thai-Küche, nicht billig. Sehr schöne Bambuseinrichtung.

bok – einfach asiatisch, Schulterblatt 3, Tel. 43 18 35 97. Köstlich-scharfe Currys aus der thailändischen und koreanischen Küche.

Henssler & Henssler, Große Elbstraße 160, Tel. 38 69 90 00. Sushi-Gourmet-Restaurant mit tollem Elbblick.

Man Wah, Spielbudenplatz 18, Tel. 31 925 11. Chinarestaurant auf St. Pauli.

Peking-Enten-Haus, Rentzelstraße 48, Tel. 45 80 96. Kenner halten die Peking-Ente in diesem Restaurant für die beste, wenn auch nicht die billigste der Stadt.

Phuket, Taubenstraße 23, Tel. 31 58 54. Thailändische Traditionsküche im Souterrain.

Restaurant bok, Schanzenstraße 27, Tel. 4 30 67 80. Einfaches Restaurant mit frischer asiatischer Küche.

Sala Thai & Seafood Grill, Brandsende 6, Tel. 33 50 09. Thailändische Gerichte in typischem Ambiente. Am Wochenende klassische Thai-Tänze.

Sushi Bar, Susannenstraße 15, Tel. 43 25 28 72. Köstliches und gemütliches Sushi-Restaurant.

Sushi Bok, Schulterblatt 92, Tel. 4 30 44 58. Japanisches In-Restaurant in beeindruckendem Altbau-Ambiente.

Wa-Yo, Hofweg 75, Tel. 2 27 11 40. Edles japanisches Design. Treffpunkt der Werbeszene.

Französisch

Casse Croute, Büschstraße 2, Tel. 34 33 73. Exzellente französische Küche, charmantes Ambiente.

L'Auberge Française, Kutschbahn 34, Tel. 4 10 25 32. Französische Küche der Spitzenklasse.

Le Paquebot, Gerhart-Hauptmann-Platz 70, Tel. 32 65 19. Französisch-internationales Restaurant-Bistro.

Le Provençal, Lattenkamp 8, Tel. 5 13 38 28. Spezialitäten nicht nur aus der Provence, sondern aus allen französischen Regionen. Anspruchsvoll, nicht billig.

Ti Breizh, Deichstraße 39, Tel. 37 51 78 15. Bretonische Spezialitäten.

Griechisch

Athena, Abendrothsweg 55, Tel. 4 20 44 59. Verfeinerte griechische Küche beim Szene-Griechen.

Dionysos, Eppendorfer Weg 67, Tel. 49 88 00. Gemütlich und geschmackvoll

Hamburg asiatisch: Vom Stehimbiss zum Szeneladen

Angefangen hat alles in den 1970er-Jahren mit einem kleinen, versteckten Laden im Schanzenviertel, in dem die Gäste im Hinterzimmer auf hölzernen Orangenkisten Platz nehmen mussten. Trotzdem wurde der asiatische Imbiss schnell zum Geheimtipp, denn die köstlich-scharfen Currys der Koreanerin Lee Kae Soom gehören noch immer zu den besten der Stadt. Mittlerweile besitzt Familie Lee ein ganzes Imperium asiatischer Restaurants im Schanzenviertel, und eines ist besser als das andere. Da ist einmal der ursprüngliche **Stehimbiss** *in der Bartelsstraße, in dem es auf die Schnelle frische Currys gibt, das* **Restaurant bok** *in der Schanzenstraße, das* **bok – einfach asiatisch** *am Schulterblatt, die kleine gemütliche* **Sushi Bar** *in der Susannenstraße und das japanische Restaurant* **Sushi Bok** *am Schulterblatt, welches sich in einem geschmackvoll restaurierten Gebäude mit 7 m hohen Decken, reizvollem Stuck und alten Wandmalereien befindet. Angenehm: Sämtlichen Läden fehlt der sonst oft überladen-kitschige Stil vieler asiatischer Restaurants; sie sind stattdessen ausgesprochen schlicht und modern eingerichtet. Der Name ›Bok‹ bedeutet übrigens auf koreanisch ›Glück‹, und das ist nicht nur Familie Lee hold, sondern das haben vor allem die Gäste, die in den Genuss ihrer kulinarischen Fähigkeiten kommen.*

eingerichtetes Restaurant mit köstlichem Essen.

Kouros, An der Alster 28, Tel. 24 45 40. Gehobene griechische Küche direkt an der Alster, im Sommer schöne Terrasse.

Indisch

Jaipur, Lerchenfeld 18, Tel. 220 94 75. Köstliche und reichhaltige indische Gerichte.

Shalimar, Dillstraße 16, Tel. 44 24 84. Eines der schönsten indischen Restaurants der Stadt.

Italienisch

Anna, Bleichenbrücke 2, Tel. 36 70 14. Edle internationale Küche mit italienisch-asiatischen Akzenten.

Cuneo, Davidstraße 11, Tel. 31 25 80. Szenetreffpunkt für Medienleute auf dem Kiez, ältester Italiener Hamburgs.

Der Etrusker, Grindelhof 45, Tel. 410 13 05. Beliebter Italiener im Univiertel. Leckere Vorspeisen.

Gino Carone, Ruhrstraße 60, Tel. 850 66 88. Pizza und wechselnde Gerichte an langen Tischen in ehemaliger Fabrik. Nur für Gäste, die laute Opernmusik schätzen.

Il Buco, Zimmerpforte 5, Tel. 24 73 10. Das unauffällige Keller-Restaurant ist ein echter Geheimtipp.

Il Giardino, Ulmenstraße 19, Tel. 47 01 47. Szene-Italiener. Wunderschöner Garten, nicht billig.

Il Ristorante, Große Bleichen 16, im Hamburger Hof, Tel. 34 33 35. Relativ teuer, aber sehr gute italienische Küche. Bar-Musik.

La Fattoria, Isestraße 16, Tel. 42 00 25. Reizvolle Mischung aus italienischem Tagesbistro und Antiquitätengeschäft.

Little Italy, Osterstraße 22, Tel. 40 17 40 87. Feine italienische Speisen in gemütlicher Atmosphäre.

Martini-Pizzeria, Martinistraße 5, Tel. 47 67 31. Szene-Pizzeria in Eppendorf.

Osteria Due, Badestr. 4, Tel. 410 16 51. Gute teure Küche ganz in der Nähe des Interconti.

Paolino, Alsterufer 2, Tel. 41 35 56 55. Beliebter In-Treff an Sommerabenden. Große Terrasse mit Blick über die Außenalster.

Vero, Domstraße 17–19, Tel. 33 90 51. Sehr gutes italienisches Restaurant, leichte Küche.

Orientalisch

A'Shamra, Rentzelstraße 50, Tel. 45 49 75. Syrische Spezialitäten.

Balutschi, Grindelallee 33, Tel. 45 24 79. Pakistanisches Restaurant im Grindelviertel.

Medded, Bahrenfelder Chaussee 140, Tel. 89 28 70. Ägyptische Küche. Wer mag, sitzt auf flachen Kissen.

Saliba, Leverkusenstraße 54, Tel. 85 80 71. Arabische Küche, gut gewürzte Lamm-Gerichte. Schönes Ambiente.

Skandinavisch

A Hereford Beefstouw, Schopenstehl 32, Tel. 32 18 85. Dänisches Steakhaus, freundliches Ambiente.

In Hamburg versteht man, Kunst und Küche zu verbinden: Café in ›Schmidts Theater‹

Kon Tiki, Schäferkampsallee 49, Tel. 44 11 55 44. Norwegische und internationale Küche im Hotel ›Norge‹. Spezialität: Lachs.

Spanisch, Portugiesisch und Südamerikanisch

Bolero, Bahrenfelder Straße 53, Tel. 3 90 78 00. Beliebter Szene-Mexikaner in Ottensen.

Casa Maria, Juliusstraße 6, Tel. 43 87 83. Sympathischer Spanier im Schanzenviertel mit garantiert frischem Fisch

Il Petisco, Schulterblatt 78, Tel. 43 29 08 99. Kleiner Portugiese mit reichhaltigen und günstigen Gerichten.

Madrid, Grindelberg 69, Tel. 4 22 81 03. Gute und relativ preiswerte spanische Gerichte.

O Pote, Lange Reihe 83, Tel. 24 30 13. Portugiesische Regionalküche, gemütliches Ambiente.

Porto, Ditmar-Koel-Straße 15, Tel. 3 17 84 80. Portugiesische Küche. Spezialitäten: Meeresfrüchte.

Sagres, Vorsetzen 53, Tel. 37 12 01. Beliebtes portugiesisches Restaurant am Hafen.

Salvador Dalí, Silcherstraße 1, Tel. 8 90 12 00. Sehr gute spanische Küche.

Sombrero, Semperstraße 4, Tel. 27 26 54. Leckere mexikanische Spezialitäten in gemütlichem Ambiente.

Türkisch

Arkadasch, Grindelhof 17, Tel. 44 84 41. Reichhaltige und preiswerte türkische Küche im Univiertel.

Harran, Eppendorfer Weg 9, Tel. 4 39 39 53. Köstliche türkisch-anatolische Spezialitäten. Modernes und freundliches Ambiente.

Vegetarisch

Suryel, Thadenstraße 1, Tel. 4 39 84 22. Beliebtes vegetarisches Restaurant mit gemütlicher Einrichtung.

Laska's, Geschwister-Scholl-Straße 44, Tel. 4 60 61 15. Internationale vegetarische Küche in nettem Ambiente.

Feste und Feiern

Feiertage

1. Januar (Neujahr), April/Mai. (Karfreitag, Ostermontag), 1. Mai (Maifeiertag/Tag der Arbeit), Mai/Juni (Christi Himmelfahrt), Juni (Pfingstmontag), 3. Oktober (Tag der deutschen Einheit), 25./26. Dezember (1./2. Weihnachtstag)

Feste

Dreimal im Jahr findet der Jahrmarkt **Hamburger Dom** auf dem Heiligengeistfeld statt. *Frühlingsdom:* März/April; *Sommerdom:* Juli/Aug.; *Winterdom:* Nov./Dez. Den **Hafengeburtstag** mit vielen Aktionen zu Land und zu Wasser feiert Hamburg Anfang Mai. Ebenfalls im Mai erleuchtet auf der Alster ein Großfeuerwerk während des **Japanischen Kirschblütenfests**. Im Juni/Juli zeigt die Hansestadt süddeutsches Flair, wenn auf dem Rathausmarkt das **Stuttgarter Weindorf** stattfindet. Von Ende Juli bis Ende August gibt es das **Hummelfest** auf dem Heiligengeistfeld, ein Volksfest mit intern. Musikparade und Blaskapellen. Das **Alstervergnügen** – Kunst, Kultur und Vergnügen rund um die Binnenalster – gibt es jedes Jahr im August/September. Jahresausklang feiert man am 31. Dezember mit Sekt und Feuerwerk bei einem **Riesenfest** am Hafen zwischen Baumwall und Fischmarkt.

Kinder

Das **Jugendinformationszentrum** (Behörde für Bildung und Sport), Steinstr. 7, informiert über *Ferienprogramme*, Tel. 4 28 54-31 31. Dort – wie auch in den Stadtteilbüchereien sowie den Bezirks- und Ortsämtern – gibt es den *Hamburger*

Ferienpass für 5- bis 17-Jährige mit vielfältigem Programmangebot, der während der Sommer- und Herbstferien gilt.

Während des **Kinder-Sommers** finden im Park *Planten un Blomen* zahlreiche kostenlose Veranstaltungen und Vorführungen statt. Infos beim Bezirksamt Hamburg-Mitte, Tel. 4 28 54-47 23.

Auch die *›Fabrik‹* veranstaltet in den Sommermonaten Freizeitaktivitäten für Kinder, Barnerstraße 36, Tel. 3 91 07-0.

Kinofilme für Kinder zeigen u. a.

Abaton, Allende Platz 3, Tel. 44 26 46

Kinder-Kino Hamburg, Friedensallee 7, Tel. 3 90 87 70

Theater für Kinder s. Theater

Aktion Kinderparadies, Bilserstraße 35 a, Tel. 5 11 79 15. Werktags stundenweise Kinderbetreuung auf Spielplätzen.

Hagenbecks Tierpark [Nr. 79], Lokstedter Grenzstr. 2, Tel. 5 40 00-10. März – Okt. tgl. 9 – 17, bei schönem Wetter bis 19, Nov. – Mitte März tgl. 9 – 16.30 Uhr. Tierfütterungen, Elefanten- und Ponyreiten, Zooschule, im Sommer Dschungel-Nächte.

Museumspädagogischer Dienst, Glockengießerwall 5 a, Tel. 4 28 13 10

Kultur live

Aktuelle **Veranstaltungsprogramme** entnimmt man entweder der **Tagespresse** (›Hamburger Abendblatt‹, ›Hamburger Morgenpost‹) oder den monatlich erscheinenden **Stadtmagazinen** ›Oxmox‹, ›Prinz‹ und ›Szene‹.

Musik

Konzert- und Theaterkassen

Alsterhaus, Jungfernstieg 16, Tel. 35 35 55

Central, Gerhart-Hauptmann-Platz 48, Tel. 33 71 24

Classic Center, Im Bleichenhof, Tel. 35 44 14

Hamburg Hotline, tgl. 8 – 20 Uhr, Tel. 30 05 13 00

Konzertkasse Gerdes, Rothenbaumchaussee 77, Tel. 45 33 26/44 02 98

Konzertkasse Hauptbahnhof, Wandelhalle, Tel. 32 87 38 54

Theaterkasse E. Schumacher, Colonnaden 37, Tel. 34 30 44

Konzertsäle

Auditorium Maximum der Universität Hamburg, Von-Melle-Park 8, Tel. 42 86 30

Congress Centrum Hamburg (CCH), Dammtor, Tel. 3 56 90

Forum und Orchesterstudio der Hochschule für Musik und Theater, Harvestehuder Weg 12, Tel. 44 19 50

Musikhalle, Johannes-Brahms-Platz, Tel. 34 69 20

Hamburger Konservatorium, Sülldorfer Landstraße 196, Tel. 8 70 87 70

Norddeutscher Rundfunk (NDR), Oberstr. 120, Tel. 4 15 60

Kirchenmusik

St. Jacobi, Jakobikirchhof 22, Tel. 32 77 44

St. Katharinen, Katharinenkirchhof 1, Tel. 33 62 75

St. Michaelis, Krayenkamp 4 c, Tel. 3 76 78-100

St. Nikolai, Abteistr. 38, Tel. 44 11 34-0

Aktuelle **Information** über Kirchenkonzerte: *Amt für Kirchenmusik,* Schillerstraße 7, Tel. 30 62 31 70

Oper

Hamburgische Staatsoper, Dammtorstraße 28, Tel. 35 68-0

Im Mai finden die **Hamburger Ballett-Tage** in der Staatsoper (Dammtorstraße 28) und in anderen Spielorten statt. Information unter Tel. 35 17 21.

TOP TIPP *Musicals*

Neue Flora, Ecke Stresemannstraße/Alsenstraße, ›Titanic‹ (bis Okt. 2003), dann ›Tanz der Vampire‹

Operettenhaus, Spielbudenplatz 1, ›Mamma Mia‹

Theater im Hamburger Hafen, Norderelbstraße 6, ›König der Löwen‹

Telefonischer Kartenvorverkauf für alle drei Musical-Theater: Tel. 0 18 05/11 41 13, Internet: www.stageholding.de

Wechselnde Musicals

Delphi Showpalast, Eimsbütteler Chaussee 5, Tel. 4 31 86 00

Imperial Theater, Reeperbahn 5, Tel. 31 31 14

Neues Theater, Holstenwall 19, Tel. 31 33 03

St. Pauli-Theater, Spielbudenplatz 29, Tel. 31 43 44, Fax 3 19 19 19

Jazz-, Rock- und Popkonzerte

Color Line Arena, Sylvesterallee 10, Tel. 8 81 63-0

Cotton Club, Alter Steinweg 32, Tel. 34 38 78

Dennis' Swing Club, Papenhuder Straße 25, Tel. 2 29 91 92

Docks, Spielbudenplatz 19, Tel. 31 78 83 11

Fabrik, Barnerstraße 36, Tel. 39 10 70

Große Freiheit 36 mit Kaiserkeller, Große Freiheit 36, Tel. 31 42 63

Jazz-Forum, Weidenbaumsweg 13, Tel. 7 24 36 61

Logo, Grindelallee 5, Tel. 4 10 56 58, Fax 37 13 33

Markthalle, Klosterwall 9–12, Tel. 33 94 91

Marquee, Friedrichstraße 39, Tel. 31 42 90 (Rock'n Roll und Punk)

Molotow, Spielbudenplatz 5, Tel. 31 08 45

Prinzenbar, Kastanienallee 22, Tel. 3 17 88 30

Theater

Altonaer Theater, Museumsstraße 17, Tel. 39 90 58 70. Unterhaltsames Angebot aus Klassik und Moderne.

Ernst-Deutsch-Theater, Mundsburger Damm 60, Tel. 22 70 14-20, Internet: www.ernst-deutsch-theater.de. Vorwiegend werden hier Klassiker gespielt.

Hamburger Kammerspiele, Hartungstraße 9, Tel. 44 22 11, Internet: www.hamburger-kammerspiele.de. Das Theater passt in keine gängige Schublade.

Deutsches Schauspielhaus, Kirchenallee 39/41, Tel. 24 87 13, Fax 2 80 33 73. Eine der berühmtesten deutschen Bühnen.

Fliegende Bauten, Große Wallanlagen/Glacischaussee 4, Tel. 30 05 16 00. Varieté-Produktionen, Avantgardezirkus und Musik.

Kampnagel, Jarrestraße 20–26, Tel. 27 09 49 49, Internet: www.kampnagel.de. Modernes und experimentelles Theater. Aufführungen freier und internationaler Tanz- und Theatergruppen.

Komödie Winterhuder Fährhaus, Hudtwalckerstraße 13, Tel. 48 06 80 91, Internet: www.komoedie-winterhuder-faehrhaus.de/. Lustspiele und Boulevardkomödien.

Malersaal im Schauspielhaus, Kirchenallee 39, Tel. 24 87 13. Nebenbühne des Schauspielhauses. Experimentelles Theater und Matinees.

Neues Cinema, Am Steindamm 45, Tel. 24 87 13. Spielstätte des Schauspielhauses.

Ohnsorg-Theater, Große Bleichen 23–25, Tel. 35 08 03 21, Internet: www.ohnsorg.de. Deutschlands berühmtestes plattdeutsches Theater.

St. Pauli-Theater, Spielbudenplatz 29, Tel. 31 43 44, Internet: www.st-pauli-theater.de. Volksstücke und Komödien.

Thalia Theater, Alstertor, Tel. 32 81 44 44, Internet: www.thalia-theater.de. Renommierte Traditionsbühne. Klassische Stücke, aufsehenerregende Inszenierungen.

Theater im Zimmer, Alsterchaussee 30, Tel. 44 65 39. Klassische und moderne Aufführungen.

Theater in der Basilika, Borselstraße 14–16, Tel. 3 90 46 11. Innovatives Theater und Komödien.

Theater Monsun, Friedensallee 20, Tel. 3 90 31 48. Alternatives und Tanztheater.

Thalia in der Gaustraße, Gaustraße 190, Tel. 32 81 44 44, Internet: www.thalia-theater.de. Gastspiele aller Art.

The English Theatre, Lerchenfeld 14, Tel. 2 27 70 89, Internet: www.englishtheatre.de. Englische Stücke und Komödien in Originalsprache.

Theater für Kinder

Fundus Theater, Papenstr. 29, Tel. 2 50 7270

Theater für Kinder, Max-Brauer-Allee 76, Tel. 38 25 38, Internet: www.theater-fuer-kinder.de

Varietés, Kabarett und Shows

Alma Hoppes Lustspielhaus, Ludolfstraße 53, Tel. 48 66 55. Bühne der gleichnamigen Kabarettgruppe.

Das Schiff, Holzbrücke 2, Tel. 36 47 65. Theater und Satire auf einem Schiff.

Pulverfass, Reeperbahn 147, Tel. 24 97 91. Populäre Travestieshow für gemischtes Publikum.

Schlapplach Halde, Neuer Kamp 30 (im Schlachthof), Tel. 45 61 17. Kabarett.

TOP TIPP **Schmidts Theater**, Spielbudenplatz 2//28, Tel. 31 77 88 99, Internet: www.schmidts.de. Szene-Treffpunkt und Hamburgs berühmte Varieté-, Kabarett- und Showbühne.

Schmidts Tivoli, Spielbudenplatz 27/28, Tel. 31 77 88 99, Internet: www.tivoli.de. Große Musik-Theater- und Varieté-Programme. Angeschlossen: Angie's Nightclub

Museen und Sammlungen

Afghanisches Kunst- und Kulturmuseum, Sandtorkai 32, 1. Stock, Tel. 37 82 36, Internet: www.afghanisches-museum.de, tgl. 10–17 Uhr [Nr. 27]

Alstertalmuseum (im Torhaus von Gut Wellingsbüttel), Wellingsbüttlerweg 75 a, Tel. 5 36 66 79, S1, S11 Wellingsbüttel. Sa–So 11–13, 15–17 Uhr. Gruppen unter Voranmeldung. Heimatkundemuseum mit Exponaten aus der Geschichte der Frachtschifffahrt [Nr. 88].

Altonaer Museum – Norddeutsches Landesmuseum, Museumstraße 23, Tel. 4 28 11-35 81, Internet: www.hamburg.de/Altonaer-Museum, S1, S2, S3, S11, S31 Altona. Hauptgebäude Di–So 11–18 [Nr. 58].

Bischofsturm, Speersort 10, Tel. 32 57 40-0, U3 Rathaus. Mo –Fr 10–13 und 15–17, Sa 10–13 Uhr [Nr. 21].

Deichtorhallen, Deichtorstraße 1–2, Tel. 32 10 30, S-Bahn Hauptbahnhof, U-Bahn Steinstraße. Di–So 11–18 Uhr. Wechselnde Ausstellungen moderner Kunst [Nr. 18].

Deutsches Maler- und Lackierer-Museum im Glockenhaus am Billwerder Billdeich 72, Tel. 34 38 87, Auto über A25 oder B5/S2, S21 bis Bergedorf, Buslinien ab S-Bahnhof Bergedorf. Sa–So 10–13. Geschichte der Handwerksberufe, Arbeitsgeräte [Nr. 102].

Deutsches Zollmuseum an der Kornhausbrücke, Alter Wandrahm 14, Tel. 3 39 76-3 86/3 29, U1 Meßberg. Di–So 10–17 Uhr. Kuriose Schmuggelwaren und -arten [Nr. 27].

Dialog im Dunkeln, Am Alten Wandrahm 4, nach Voranmeldung: Tel. 07 00/ 44 33 20 00. Blinde öffnen den Besuchern im Dunkeln die Augen [Nr. 27].

Ernst-Barlach-Haus, Jenischpark, Tel. 82 60 85, S1, S11 Klein Flottbek, Bus 115. Di–So 11–17 Uhr [Nr. 92].

Ernst-Barlach-Museum, Mühlenstraße 1 (Geburtshaus), Tel. 0 41 03/91 82 91, S1 Wedel. Di–Sa 10–12 und 15 –18, So 10–18 Uhr. Plastiken und Zeichnungen, wechselnde Ausstellungen und Veranstaltungen [s. S. 105].

Erotic Art Museum, Bernhard-Nocht-Straße 69, Tel. 31 78 41 26, S1, S2, S3, U3 Reeperbahn. Tgl. 10–24, Fr/Sa bis 1 Uhr. Internationale erotische Kunst vom 16. Jh. bis heute [Nr. 52].

Flughafenmodellschau, Flughafen Fuhlsbüttel, Tel. 50 75-26 43, U1 oder S1 bis Ohlsdorf, dann Bus 110. Modellschauen tgl. 10, 12, 14 und 16, Sa/So 14 Uhr. Von Mo–Fr werden im Anschluss an die Dia-Vorführungen für Gruppen ab 10 Personen auch Flughafen-Rundfahrten angeboten, Sa/So sind Rundfahrten auch für Einzelpersonen um 15 Uhr möglich [Nr. 87].

Freilichtmuseum Rieck-Haus, Curslacker Deich 284, Tel. 7 23 12 23, 21039 Curslack, Vierlande. Auto über A25 oder B5, S21 Bergedorf, dann Bus 324. April – Sept. Di–So 10–17, Okt.–März Di–So 10–16 Uhr. Bauernhof-Freilichtmuseum [Nr. 102].

Hafencity Infocenter (im Kesselhaus), Am Sandtorkai 30, Tel. 36 90 17 99, Di–So 10–18, Do–21 Uhr. Ausstellung über den Bau der neuen Hafencity [Nr. 27].

Hamburg Dungeon, Kehrwieder 2–3, Tel. 36 00 55 20, tgl. 10–19 Uhr. Historischer Grusel-Themenpark [Nr. 27].

Hamburger Kastenschute, Nicolaifleet (Zugang Deichstr.), Tel. 4 28 32 - 23 64, U3 Baumwall. Mai–Okt. jeden 1. So im Monat 11–17 Uhr. Ausstellung über Ewerführerei [s. S. 51].

Hamburger Kunsthalle mit **Galerie der Gegenwart** (Ungers-Bau), Glockengießerwall, Tel. 4 28 13-12 00, Internet: www.hamburger-kunsthalle.de, S/U-Bahn Hauptbahnhof. Di–So 10–18, Do bis 21 Uhr [Nr. 20].

Hamburger Museum für Archäologie und die Geschichte Harburgs – Helms-Museum, Museumsplatz 2; Dependance **Alte Feuerwache**, Hastedtstraße 30–32, Harburg, Tel. 4 28 71-36 09, S3, S31 Harburger Rathaus. Di–So 10–17 Uhr. Wechselnde Sonderausstellungen zu Hamburgs Vergangenheit. Die ›Alte Feuerwache‹ zeigt zwei Dauerausstellungen: ›Als Hamburg arktisch war‹ – über eiszeitliche Mammut- und Rentierjäger – und ›Harburger Stadtgeschichte‹ [Nr. 103].

Jenisch-Haus, Baron-Voght-Straße 50, Tel. 82 87 90, vom Bahnhof Altona Bus 115 bis Hochrad. Di – So 11 – 18 Uhr. Großbürgerliche Wohnkultur von der Spätrenaissance bis zum Jugendstil [Nr. 90].

Johannes-Brahms-Gedenkräume, Peterstraße 39, Tel. 45 21 58, U3 St. Pauli. Di und Do 10 – 13 Uhr [Nr. 41].

Krameramtsstuben, Krayenkamp 10, Tel. 37 50 19 88, S1, S3 Stadthausbrücke. Di – So 10 – 17 Uhr [Nr. 45].

KZ-Gedenkstätte Neuengamme-Dokumentenhaus, Jean-Dolidier-Weg 39, Tel. 4 28 96 03, S2, S21 bis Bergedorf, weiter mit Buslinie 227. Di – Fr 10 – 17, Sa/So 10 – 18 Uhr [Nr. 102].

Modelleisenbahn Wunderland, Kehrwieder 2, Block D, Tel. 36 09 11 57, Internet: www.miniatur-wunderland.de, U3 Baumwall, Mo – Fr 10 – 18, Di bis 21, Sa/So 9 – 20 Uhr. 2000 m² Fläche und über 6 km Gleis: eine der größten Modelleisenbahnen der Welt [Nr. 27].

Museum der Arbeit, Wiesendamm 3, Tel. 42 81 33-0, Internet: www.museum-der-arbeit.de, S1, S11, U2, U3 Barmbek. Mo 13 – 21, Di – Sa 10 – 17, So 10 – 18 Uhr. Sozialgeschichtliche Sammlungen, die die Veränderungen der Arbeits- und Lebenswelt des Industriezeitalters zeigen [Nr. 79].

Museum für Bergedorf und die Vierlande, Bergedorfer Schloss, Tel. 4 28 91-51 09, S21 Bergedorf. Di – Do und Sa/So 10 – 17 Uhr. Vorgeschichtliche Funde, typische Wohnkultur [Nr. 102].

Museum für Hamburgische Geschichte, Holstenwall 24, Tel. 4 28 41 23 80, U3 St. Pauli, Bus 36, Millerntor, Bus 112 Museum. Di – Sa 10 – 17, So 10 – 18 Uhr [Nr. 40].

Museum für Kunst und Gewerbe, Steintorplatz 1, Tel. 4 28 54-27 32, U-/S-Bahn Hauptbahnhof. Di – So 10 – 18, Do 10 – 21 Uhr. Museumspädagogen, Sonderausstellungen, Vorträge, im Dezember Kunsthandwerksmesse [Nr. 19].

Museum für Völkerkunde, Rothenbaumchaussee 64, Tel. 0 18 05/30 88 88, Internet: www.voelkerkundemuseum.com, S11, S21, S31 Dammtor/U1 Hallerstraße. Di – So 10 – 18, Do bis 21 Uhr [Nr. 73].

Museumshafen Övelgönne, Anleger Neumühlen, Tel. 3 90 00 79, Bus 112 vom Altonaer Bahnhof, Linie 62 (Schiff), hält direkt am Museumshafen. Historische Schiffe aller Art [Nr. 62].

Museumsschiff Cap San Diego, Überseebrücke, Tel. 36 42 09, S1, S3, U3 Landungsbrücken. Tgl. 10 – 18 Uhr [Nr. 34].

Museumsschiff Rickmer Rickmers, Landungsbrücken, Brücke 1 a, Tel. 3 19 59 59, S1, S3, U3 Landungsbrücken. Tgl. 10 – 17 Uhr [Nr. 34].

Ohlsdorfer Friedhof, Fuhlsbüttler Str. 756, Tel. 50 05 33 87, S1, 11, U1 Ohlsdorf. Mo/Do/So 10 – 14 Uhr [Nr. 86].

Panoptikum, Wachsfigurenkabinett, Spielbudenplatz 3, Tel. 31 03 17, S1, S3, Reeperbahn, U3 St. Pauli. Mo – Fr 11 – 21, Sa 11 – 24, So 10 – 21 Uhr [Nr. 52].

Planetarium, im Stadtpark Hindeburgstraße 1, Tel. 4 28 86 52-0, U3 Borgweg. Mo – Fr 10 – 14.45, So 10 – 16 Uhr. Vorführungen: Mi/Fr 18, So 11, 14.30 und 16 Uhr. Wegen Umbau bis voraussichtlich Okt. 2003 geschlossen [Nr. 85].

Puppenmuseum Falkenstein, Grotiusweg 79, Tel. 81 05 82, S1, S11 Blankenese. Di – So 11 – 17 Uhr [Nr. 97].

Schwimm-Dampfkran ›Saatsee‹, Museumshafen Övelgönne, Anleger Neumühlen, Kopfbauschuppen 50 A, Australiastraße, Tel. 73 09 11 84, Bus 112 vom Altonaer Bahnhof. Ostern – Okt. Di – Fr 14 – 18, Sa/So 10 – 18 Uhr. Historische Technik und Ausstellung über Leben und Arbeit auf dem Gerät [Nr. 62].

Speicherstadtmuseum, St. Annenufer 2, Tel. 32 11 91, U1 Meßberg. Di – So 10 – 17 Uhr [Nr. 27]. Privat betriebene Außenstelle des Museums für Arbeit.

Spicy's Gewürzmuseum, Am Sandtorkai 32, 2. Stock, Tel. 36 79 89, Internet: www.spicys.de, U 3 Baumwall, Di – So 10 – 17 Uhr. Gewürze aus aller Welt zum Riechen und Schwelgen [Nr. 27].

St. Michaelis, Englische Planke 1 a, Tel. 37 67 81 32, Internet: www.st-michaelis. de. Kirche und Turm Mai – Okt. Mo – Sa 9 – 18, So 11.30 – 17.30 Uhr; Nov. – April Mo – Sa 10 – 16.30, So 11.30 – 16.30 Uhr.

St. Nikolai-Kirchturm (Dokumentationszentrum), Ost-West-Straße. U1 Meßberg. Mo – Fr 10 – 17, Sa/So 11 – 18 Uhr [Nr. 26].

Nachtleben

Bars

Angie's Nightclub, Spielbudenplatz 27, Tel. 31 77 88 11. Eine der beliebtesten Bars auf dem Kiez, um Mitternacht tritt Angie Stardust selbst auf.

Atrium Bar (im ›Kempinski Hotel Atlantic‹), An der Alster 72–79, Tel. 28 88-0. Vornehmes Ambiente, auch Tanzmöglichkeiten.

Bar Rossi, Max-Brauer-Allee 279, Tel. 43 25 46 39. Hochfrequentierter Szenetreff.

Cairo's Cocktails, Hoheluftchaussee 117, Tel. 4 20 44 57. Caipirinha-Spezialist.

Harry's New York Bar, Bleichenbrücke 9, Tel. 350 8428. Der Klassiker unter den Bars.

Havanna Bar, Fischmarkt 4–6, Tel. 31 36 36. Karibische Drinks und Atmosphäre.

M & M Bar Hotel Reichshof, Kirchenallee 34–36, Tel. 24 83 30. Ideal für einen ›Absacker‹ nach einem Besuch im benachbarten Schauspielhaus.

Sonderbar, Große Freiheit 87, Tel. 3 19 61 70. Absackerbar auf St. Pauli.

TOP TIPP **Tower Bar** (im ›Hotel Hafen Hamburg‹), Seewartenstraße 9, Tel. 311 13 524. Grandioser Blick über den Hafen.

Diskotheken

after shave, Spielbudenplatz 7, Tel. 319 32 15. Fast schon ein Klassiker. Funk, Soul, House, R&B.

Café Keese, Reeperbahn 19–21, Tel. 3 19 93 10. Tanzlokal, jeden Abend ein anderes Motto, etwa ›Ball der einsamen Herzen‹.

Grünspan, Große Freiheit 58, Tel. 31 36 16. Fr/Sa Rock, Crossover; ansonsten wechselnde Events.

Madhouse, Valentinskamp 47 a, Tel. 34 41 93. Rock, Pop, Black Music.

TOP TIPP **Mojo Club**, Reeperbahn 1, Tel. 3 19 19 99. Acid Jazz, Dancefloor, wechselnde Mottos.

Molotow, Spielbudenplatz 5, Tel. 31 08 45. Independent, Hardcore.

Kir, Max-Brauer-Allee 241, Tel. 43 85 18. Techno und Independent.

Purgatory, Friedrichstraße 8, Tel. 31 58 07, Szene-Disco mit wechselnden Clubnächten.

Traxx, Altländer Str. 8, Tel. 3 17 52 82. Techno-Tempel.

Kneipen- und Szenetreffs

City

Café Paris, Rathausstr. 4, Tel. 32 52 77 77

Finnegan's Wake, Börsenbrücke 4, Tel. 3 74 34 33

Gestern & Heute, Kaiser-Wilhelm-Str. 55, Tel. 34 49 98

Meyer Lansky's, Gänsemarkt 36, Tel. 35 71 31 75

News, Kaiser-Wilhelm-Straße 51, Tel. 34 63 39

Schmelztiegel, Wexstraße 31, Tel. 35 45 53

Schwender's, Großneumarkt 1, Tel. 34 54 23

Eimsbüttel und Eppendorf

Factory, Hoheluftchaussee 95, Tel. 4 20 37 11

Hadley's Bar Café, Beim Schlump 84a, Tel. 4 50 50 75

La Paz, Heußweg 49, Tel. 40 98 57

Maybach, Heußweg 66, Tel. 4 91 23 33

Meisenfrei, Eppendorfer Weg 75, Tel. 4 91 91 21

Schotthorst, Eppendorfer Weg 58, Tel. 4 91 81 21

Zur Alten Mühle, Eppendorfer Landstraße 176, Tel. 5 17 8 20

St. Georg und Pöseldorf

Max & Consorten, Spadenteich 7, Tel. 24 56 17

Villon, St. Georgs Kirchhof 7, Tel. 24 92 93

Zwick, Mittelweg 121b, Tel. 44 32 67

St. Pauli und Altona

Bar Centrale, Clemens-Schultz-Straße 66, Tel. 3 19 26 57

Café Miller, Detlef-Bremer-Straße 16, Tel. 31 57 19

Filmhauskneipe, Friedensallee 7, Tel. 39 34 67

Haifischbar, Große Elbstraße 128, Tel. 3 80 93 42

TOP TIPP **La Paloma**, Friedrichstraße 11, Tel. 31 45 12

Lehmitz, Reeperbahn, Reeperbahn 22, Tel. 31 46 41

Mary Lou's, Hans-Albers-Platz 3, Tel. 31 46 28

Roschinky's, Hamburger Berg 19, Tel. 3 19 56 86

Er & Er

Café Gnosa, Lange Reihe 93, Tel. 24 30 34

Toom Peerstall, Clemens-Schultz-Straße 44, Tel. 3 19 35 23

Sie & Sie

Frauenkneipe, Stresemannstraße 60, Tel. 43 63 77

Seute Deern, Kohlhöfen 15, Tel. 34 26 63, Mo geschl.

Essen für Nachtschwärmer

Erikas Eck, Sternstraße 98, Tel. 43 35 45

Gestern und Heute, Kaiser-Wilhelm-Straße 55, Tel. 34 49 98. Durchgehend geöffnet

News, Kaiser-Wilhelm-Straße 51, Tel. 34 63 39. So–Do bis 1, Fr/Sa bis 3 Uhr

Sport

Auskünfte über Sportmöglichkeiten in Hamburg erteilt der:

Hamburger Sportbund (HSB), Haus des Sports, Schäferkampsallee 1, Tel. 4190 80, Fax 41 90 82 74, Internet: www.hamburger-sportbund.de

Bootsvermietung

Rund um die Alster und entlang vieler Kanale gibt es **Bootsverleihe**. An den meisten Anlegern kann man Kanus, Ruder-, Segel- oder Tretboote mieten. Zum Beispiel bei:

Bobby Reich, Fernsicht 2, Tel. 48 78 24

Bodo's Bootssteg, Harvestehuder Weg 1 b, Tel. 4 40 6 54

Café Sommerterrassen am Stadtpark, Südring 44, Tel. 2 70 62 74

Kubi's Bootshaus, Poßmoorweg 46 c, Tel. 2796741

La Gondola e. V., Tel. 4 90 09 34. Nicht ganz billig, aber romantisch: Sich in einer echten venezianischen Gondel über die Alster rudern lassen.

Bungee-Jumping

vom Fernsehturm (128 m), April–Okt., Sa 11–20 Uhr, Tel. 0 89/60 60 89 23. Wg. Turmrenov. erst wieder ab 2004.

Eislauf

Eissporthalle Farmsen, Berner Heerweg 152, Tel. 6 43 32 00 (Okt.–März)

Große Wallanlagen, Planten un Blomen, Holstenwall 30 (nur im Winter).

Freibäder

Überblick über die Hamburger Bäder im Internet: www.baederland.de. Tel. 78 88-37 71 (Bandansage der Öffnungszeiten), Freibäder meist Mai–Sept. geöffnet.

Freibad Duvenstedt, Puckafferweg 3, Tel. 6 07 06 69

Freibad Ostende, Tonndorfer Strand 37, Tel. 66 61 94

Freibad Stadtparksee, Südring 5 b, Tel. 27 37 42

Freizeit- und Regionalbäder

Alsterschwimmhalle, Ifflandstraße 21, Tel. 22 30 12 , Mo–Fr 6.30–22, Sa/So 8–22 Uhr

Bismarck-Bad, Hahnenkamp 1, Tel. 39 26 63, tgl. 8–22 Uhr

Bondenwald, Friedrich-Ebert-Straße 71, Tel. 5 51 86 29, Mo –Fr 9–20, Sa/So 8–20 Uhr

Hothusenbad, Gornestraße 21, Tel. 47 47 54, tgl. 8–22 Uhr

Kaifu-Bad, Hohe Weide 15, Tel. 40 58 23, Mo–Fr 9–24, Sa/So 10–24, Freibad im Sommer tgl. 9–20 Uhr

Volksdorf, Rockenhof 7, Tel. 6 03 93 49, tgl. 8–22 Uhr

Fußball

AOL Arena: HSV, Geschäftsstelle: Sylvesterallee 7, Tel. 41 55 01; *Kartenservice HSV*: Tel. 0 18 05 /47 84 78, Internet: www.hsv.de

Stadion am Millerntor: FC St. Pauli, Auf dem Heiligengeistfeld, Tel. 3 17 87 40; *Geschäftsstelle* und *Kartenservice FC St. Pauli:* Tel. 31 43 31, Internet: www.fcstpauli.de

Pferderennen

Galopprennbahn Hamburg-Horn, Hamburger Renn-Club e. V., Rennbahnstraße 96, Karten Tel. 6 51 82 81

Ende Juni wird auf der Horner Rennbahn die *Derby-Woche* veranstaltet. Dazu gehört auch das *Deutsche Derby* jeweils am 1. So im Juli.

Trabrennbahn am Volkspark, Luruper Chaussee 30, Tel. 8 99 65 80

Reiten

Informationen über Reitmöglichkeiten in der Hansestadt bietet der:

Landesverband der Reit- und Fahrvereine, Schützenstr. 107, Tel. 8 50 30 07, Internet: www.pferdesport-hamburg.de

Mai / Juni findet auf dem Reitturnierplatz Klein-Flottbek (Jürgensallee) das bekannte *Spring- und Dressurderby* statt.

Rennkarts

Einsath Speed & Fun Karting, Nedderfeld 94, Tel. 48 00 23 23. 700 m lange Kartbahn, 6 Streckenführungen.

Squash

Kaifu-Lodge, Bundesstraße 107, Tel. 40 12 81

Squash Point, Eimsbütteler Chaussee 63, Tel. 43 11 15

Tennisturniere

Internationale Tennisturniere am Rothenbaum, Tel. 4 11 78-0

›Normalsterbliche‹ spielen z. B. im:

Club an der Alster, Hallerstr. 91, Tel. 44 32 66

Sportlepp, Papenreihe 1 a, Tel. 58 53 59

Wandern

Fachkundige Naturführungen für Gruppen und Schulklassen beim:

Naturschutzbund Deutschland, Landesverband Hamburg, Osterstr. 58, Tel. 69 70 89-0, Mo – Do 14 – 17 Uhr

Stadtbesichtigung

Alster-Schifffahrt

Bei **Alster- und Fleetfahrten** kann man Hamburg von einer ganz anderen Seite erleben. Abfahrt ab Jungfernstieg. Auskünfte erhält man unter Tel. 3 57 42 40.

Zu den eindrucksvollsten *›Schippertouren‹* zählen die **Fleet-Fahrten** von der Binnenalster in die Hafenelbe (April – Okt. tgl. 10.45, 13.45, 16.45 Uhr, Dauer ca. 2 Std.), die **Kanal-Fahrten** durch die Alsterkanäle (April und Okt. tgl. 9.45, 12.45 und 15.45, Mai – Sept. tgl. 9.45, 11.45, 12.45, 14.45, 15.45 und 17.45 Uhr, Dauer ca. 2 Std.), die **Vierlande-Fahrten** von der Innenstadt nach Bergedorf (Mai – Sept. Mi – Mo 10.15 Uhr, Dauer ca. 3 Std.) und die **Alster-Kreuzfahrt** – bei der neun Alsteranleger angefahren werden und beliebiges Zu- und Aussteigen möglich ist (April – Sept. tgl. 10.15 – 17.15 Uhr stündlich). Beim **Dämmertörn** erlebt man die Abendstimmung zwischen Jungfernstieg und Harvestehude (Mai – Sept. tgl. 20 Uhr, Dauer 2 Std.).

Ein besonderes Erlebnis bietet der **Verein Alsterdampferschiffahrt e.V.**, Tel. 7 92 25 99, Internet: www.alsterdampfer.de: einen **Dampfschiff-Törn** mit dem Original Hamburger Alsterdampfer ›St. Georg‹ von 1876. Ziel der Fahrt ist das Museum der Arbeit in Barmbek, die Rückreisezeit kann selbst gewählt werden, April – Okt. jew. Sa/So alle zwei Wochen, Hinfahrt 10.45 – 15.45 Uhr alle 2 Std., Rückfahrt 11.40 – 17.40 alle 2 Std., Fahrtdauer jew. 45 Min.

Hafenfähren

Die **Hafenfähren** sind eine interessante und vor allem preisgünstige Variante, den Hamburger Hafen kennenzulernen, da hier die Tarife des Hamburger Verkehrsverbunds (HVV) gelten. Mit der Linie 62 etwa kann man von den Landungsbrücken Richtung Finkenwerder fahren, dort auf die Linie 64 umsteigen, bis nach Teufelsbrück übersetzen, von dort entlang der Elbe bis nach Övelgönne wandern und mit der Linie 62 wieder zu den Landungsbrücken zurückfahren.

Hafenrundfahrten

Große Hafenrundfahrt mit den HADAG-Schiffen, Barkassen und eleganten Fahrgastschiffen ab St. Pauli-Landungsbrücken 1–9 sowie Deichstraße/Binnenhafen und Vorsetzen, April – Okt. tgl. 10–17.30 Uhr, Nov.–März Mo – Fr bei Bedarf, Sa/So 11, 12.30, 14 und 15.30 Uhr, Dauer ca. 1 Std., Tel. 3 11 70 70.

Historische Fleet-Fahrt ab Vorsetzen, U-Baumwall, April – Okt. tgl. 11.30 und 14.30 Uhr, Dauer ca. 2 Std., Informationen unter Tel. 37 31 68. Zusätzlich laden Rundfahrten zu Musik, Tanz und Essen ein. So etwa das **Louisiana Dinner Spektakel** (Tel. 31 78 22 31), das **Mississippi-Festi-**

val auf der ›Mississippi Queen‹ (Tel. 31 31 30), die **Bord-Party** (Tel. 31 36 87), **Prüsse's Bordparty** (Tel. 31 31 30) und die **Swingin' Hafensafari** (Tel. 47 44 62).

Stadtrundfahrten

Informationen über organisierte Stadtrundfahrten erhält man bei:

Arbeitsgemeinschaft Hamburg Rundfahrt, Tel. 6 41 37 31, Internet: www.hansa-rundfahrt.de

Gala Tour, Abfahrt Hauptbahnhof/Kirchenallee, tgl. 10 und 14 Uhr, Dauer 2,5 Std. Zusätzlich zum Programm der Top Tour (s. u.) führt diese längere Fahrt zu besonders schönen Ecken der Stadt wie etwa den Elbvororten.

Scene-Night-Tour, Abfahrt Hauptbahnhof/Kirchenallee, April – Okt. Fr/Sa 20 Uhr, Dauer 3 Std. Unterhaltsame Einführung in das Hamburger Nachtleben.

Top Tour, Abfahrt Hauptbahnhof/Kirchenallee, April–Okt. tgl. 9.30, 10.30 – 15.30 halbstündlich, 16.30 und 17 Uhr, Nov.–März Mo–Sa 11, 13 und 15, So 11 und 13 Uhr, Dauer 1,5 Std. Von der Außenalster durch die Innenstadt nach St. Pauli und zum Hafen. Die Top Tour kann zur Besichtigung der Sehenswürdigkeiten unterbrochen und mit einem nachfolgenden Bus fortgesetzt werden.

Hamburg Tour Christa Rduch (Hafenrundfahrt, hist. Fleetfahrt, Alsterufertour), Tel. 0 41 02/ 4 43 39, Internet: www.stadtrundfahrthamburg.de

Alsterufertour, Abfahrt Brücke 4, ganzjährig Sa/So 10, 12, 14 und 16.15 Uhr, zur Hochsaison tgl., Dauer 1,5 Std. Die Bustour führt vorbei an den wichtigsten Sehenswürdigkeiten der Stadt.

Große Stadtrundfahrt im gelben Cabrio-Doppeldeckerbus, Abfahrt Brücke 4, Mai–Okt. tgl. 10, 10.30, 13 und 15.30, Nov.–April Sa/So 10, 10.30, 13 und 15.30 Uhr, Dauer 2 Std. Historische Deichstraße, Speicherstadt, Alsterkanäle, Rathaus, Michel und Kramer-amtsstuben, Reeperbahn, Fischmarkt.

Jasper, Tel. 22 71 06 65, Internet: www.jasper-hamburg.de

›Auge in Auge mit den Giganten‹ – Insider Tours Hafen Hamburg, Abfahrt Haltestelle Vorsetzen/schräg gegenüber U-Bahn Baumwall (U3), ganzjährig Sa 9.30 und 13.30 Uhr, Dauer 3 Std. Bustour mitten in den Hamburger Containerhafen.

Stadtrundfahrt Hamburg (Stadtrundfahrten im roten Doppeldeckerbus und mit der Hummelbahn), Tel. 7 92 89 79, Internet: www.hummelbahn.de

Stadtrundfahrt mit der Hummelbahn, Abfahrt Hauptbahnhof/Kirchenallee, April–Okt. tgl. 10.30, 12.30, 14.30 und 16.30 Uhr, Dauer knapp 2 Std. Stimmungsvolle Stadtrundfahrt in einer nostalgischen ›Eisenbahn‹.

Stadtrundfahrt im roten Doppeldeckerbus, Abfahrt Brücke 1–2, April–Okt. Mo–Fr 10–17 Uhr stündlich, Sa/So 9.30–15 Uhr halbstündlich sowie 16 und 17 Uhr, Nov.–März Mo–Fr 10, 12 und 14, Sa/So 10–16 Uhr stündlich. Rundfahrt bei schönem Wetter mit offenem Verdeck zu allen wichtigen Sehenswürdigkeiten, an denen man nach Belieben aussteigen und die Fahrt später fortsetzen kann.

Stadtrundflüge

Ballons über Hamburg, Schrammsweg 25, Tel. 48 46 77, Internet: www.ballons-ueber-hamburg.de, Heißlufballonfahrten: Ab Farmsen/An der Berner Au, April – Okt. tgl., Fahrtdauer 1 – 1,5 Std.

Cornelius Hubschrauber, Tel. 01 71/ 4 82 72 78, Internet: www.hubschrauber-info.de, Helikopterrundflüge: Ab Flugplatz Hartenholm (ca. 45 Automin. nördl. von Hamburg), Sa/So, Flugdauer 30 Min.

Deutsche Lufthansa Berlin Stiftung, Tel. 50 70 17 17, Internet: www.lufthansa-ju52.de, Rundflüge mit der Ju 52 über das Stadtgebiet: Ab Flughafen Hamburg, U-/S-Bahn Ohlsdorf, Bus 110; April Okt., Flugdauer: 30 und 60 Min.

Hanseballon, Tel. 85372253, Internet: www.hanseballon.de, Heißlufballonfahrten über der Hamburg und Umland: 6 mgl. Abflugorte (Moorweide, Volkspark o. ä.) je nach Flugbedingungen, April–Okt. tgl., Fahrtdauer 1,5 Std. im Korb.

Helikopter Service Wasserthal, Geschäftsfliegerzentrum, Gebäude 347, Tel. 6 50 75 21 44, Helikoperflüge mit indvidueller Flugroute: Ab Flughafen Fuhlsbüttel, So 11 – 13 Uhr, Flugdauer 20 Min.

Himmelsschreiber, Tel. 37 83 41, Internet: www.himmelsschreiber.de, offener Doppeldecker und Wasserflugzeug: Ab City Sporthafen, Baumwall, U-Bahn Baumwall, Mitte März – Weihnachten Di–So 10 – 18 Uhr, Dauer 45 Min., Flugdauer 20 Min.

Stadtrundgänge

Themenorientierte Stadtrundgänge organisiert u. a. die **Tourismus-Zentrale**, Tel. 7 21 61 89 oder Tel. 6 01 84 80 (Infoband), Internet: www.hamburg-tourismus.de. Alle Touren finden April–Okt. jeweils 16 Uhr statt. Themen sind z. B. ›Speicherstadt und Hafencity‹ (Di, ab U-Bahn Baumwall) oder ›Kontorhäuser – typisch Hamburg‹ (Mo, ab Kaufhof an der Mönckebergstraße, U-/S-Bahn Hauptbahnhof). ›Blankenese‹, ›Ohlsdorfer Friedhof – Engel im grünen Paradies‹ oder ›Die Stadt, die Alster und ihre Dichter‹ sind weitere Themen (die jeweiligen Treffpunkte werden telefonisch angesagt).

Mit **Statt-Reisen**, Tel. 4303481, Internet: www.stattreisen-hamburg.de, geht es zum Beispiel unter dem Motto *›Kaschemmen, Neonlicht und Katholiken‹* (Febr.–Nov. Sa 17 Uhr, ab Landungsbrücken, Unter dem Uhrturm, Dauer 2 Std.) und *›Auf der Reeperbahn bei Nacht ...‹* (Febr.–Nov., Fr 20 Uhr, Dauer 2 Std.) auf den Kiez.

Spezielle Führungen durch die Speicherstadt veranstaltet das **Speicherstadtmuseum**, Tel. 32 11 91, Dauer ca. 2 Std.

Wer es sportlich liebt, kann Hamburg auch im Laufschritt kennen lernen: **TouristJogging**, Tel. 43 27 41 68, Internet: www.TouristJogging.de. Dabei läuft man in angemessenem Tempo etwa durch die Altstadt und Hafencity, durch St. Pauli oder die Neustadt.

Auch **Sightseeing per Fahrrad** ist möglich: Unter Tel. 22 88 77 98 kann man sich für Radfahrten zu Hamburgs Sehenswürdigkeiten oder für Radtouren zu individuellen Wunsch-Zielen anmelden, Mindesteilnehmerzahl 3 Personen.

Statistik

Bedeutung: Hamburg ist nach Berlin die zweitgrößte Stadt Deutschlands. Die Freie und Hansestadt Hamburg nimmt wie Bremen und Berlin eine Sonderstellung unter den Bundesländern ein, da sie Stadt und Land zugleich ist.

Stadtgebiet: Hamburg ist in sieben Bezirke eingeteilt: Hamburg-Mitte, Altona, Eimsbüttel, Hamburg-Nord, Wandsbek, Bergedorf und Harburg.

Einwohner: ca. 1,7 Mio.

Lage: Hamburg liegt auf 10° östlicher Länge und zwischen 53° und 54° nördlicher Breite in der norddeutschen Tiefebene.

Fläche: 755 km^2 inklusive der Nordseeinseln Neuwerk und Scharhörn, davon Hafen: 75 km^2, Wasserfläche: 60 km^2. Grünflächen: 13%.

Klima: Durchschnittliche Lufttemperatur im Januar: 1,6 °C, April: 8,6 °C, Juli: 18,3 °C, Oktober: 10,6 °C.

Hafen: Größter deutscher Seehafen, einer der zehn wichtigsten Containerhafen der Welt. Güterumschlag: 92,4 Mio. t/Jahr.

Freihafen: Mit einer Fläche von 1598 ha einer der größten der Welt. Innerhalb dieses Gebietes kann der gesamte Schiffs- und Warenverkehr ohne Zollformalitäten abgewickelt werden.

Verkehrsnetz: 3947 km Straßen, davon 82 km Autobahnen, 313 km U- und S-Bahnen, 1842 km Buslinien.

Schienenverkehr: tgl. mehr als 600 Fernzüge, 4 Bahnhöfe (Hauptbahnhof, Dammtor, Altona, Harburg).

Flughafen Fuhlsbüttel: Jährlich 8,9 Mio. Fluggäste, 160 000 Starts und Landungen, Fracht: 94 000 t inkl. Luftpost.

Brücken: 2472, davon 1000 über Gewässer.

Gastgewerbe: Jahresumsatz: 1,2 Mia. €, Beschäftigte: 29 000, Bettenkapazität: 27 200, Gäste pro Jahr: 2,6 Mio., Übernachtungen: 4,8 Mio.

Wirtschaft: 73,53 Mia. € BIP, 1 047 500 Beschäftigte. Hamburg ist ein traditionsreicher Versicherungsplatz. Die 1676 gegründete Hamburger Feuerkasse ist die älteste der Welt, die 1558 gegründete Börse die älteste Deutschlands.

Konsulate: Mit 96 Generalkonsulaten und Konsulaten ist Hamburg der größte Konsularplatz der Welt.

Parlament und Regierung: Das Landesparlament ist die Bürgerschaft, bestehend aus 112 Abgeordneten. Der Senat ist Landesregierung und oberstes Organ für kommunale Aufgaben, ihm gehören 12 Senatoren inklusive dem Ersten und Zweiten Bürgermeister an.

Medien: Mit über 10 800 Unternehmen in den Bereichen Verlags- und Werbewirtschaft, Tonträgerherstellung, Film, Funk und Fernsehen, in denen rund 60 000 Menschen arbeiten, ist Hamburg ein Zentrum der deutschen Medienwirtschaft. Der Marktanteil an der bundesweit verkauften Zeitungs- und Zeitschriftenauflage beträgt über 50%.

Schulen: 11 Hochschulen mit ca. 64 000 Studenten, 249 Grund-, Haupt- und Realschulen, 72 Gymnasien. Mit 5300 Kursen und knapp 80 000 Teilnehmern (2002) ist die Hamburger Volkshochschule die größte deutsche Weiterbildungseinrichtung.

Wappen: Die Hammaburg in weiß auf rotem Grund.

Partnerstädte: St. Petersburg, Marseille, Shanghai, Dresden, Léon, Osaka, Prag, Chicago.

Unterkunft

Camping

Eine Auswahl geprüfter Campingplätze bietet der jährlich erscheinende **ADAC Camping Caravaning Führer** mit CD-Rom (Band Deutschland Nordeuropa), der im Buchhandel und bei den ADAC-Geschäftsstellen erhältlich ist. Darüber hinaus informiert der ebenfalls jährlich erscheinende **ADAC Stellplatzführer** umfassend über Übernachtungsmöglichkeiten für Wohnmobile und Caravangespanne, der **ADAC Urlaubsführer Europa** über das Angebot an Bungalows und Mobilheimen auf Campingplätzen auch in Deutschland (Internet: www.adac.de/camping).

Beide Campingplätze befinden sich im Norden des Hamburger Stadtgebiets:

Buchholz, Kieler Straße 374, Tel. 5 40 45 32, Fax 5 40 25 36. Hohe Laubbäume mildern die angrenzende Straße.

Schnelsen-Nord, Wunderbrunnen 2, Tel. 5 59 42 25, Fax 5 50 73 34. Ansprechender Wiesenplatz; Autobahn nebenan.

Hotels

Luxushotels

Dorint, Am Alten Wall, Tel. 36 95 00, Fax 3 69 50 10 00, Internet: www.dortint.de/Hamburg-city. Luxushotel in schlichter Eleganz.

Elysée, Rothenbaumchaussee 10, Tel. 41 41 20, Fax 41 41 27 33, Internet: www.elysee-hamburg.de. Moderne Luxusunterkunft mit internationalem Flair – auch in der Gastronomie.

Hotel Louis C. Jacob, Elbchaussee 401 –403, Tel. 82 25 50, Fax 82 25 54 44, Internet: www.hotel-jacob.de. Traditionelles und idyllisches Luxushotel in Blankenese.

Inter-Continental, Fontenay 10, Tel. 41 42 22 20, Fax 41 42-22 99, Internet: hamburg.intercontinental.com. An der Außenalster im Viertel Rotherbaum gelegenes Komforthotel mit gutem Service und Feinschmeckerrestaurant.

Kempinski Hotel Atlantic, An der Alster 72–77, Tel. 28 88-0, Fax 24 71 29, Internet: www.kempinski.atlantic.de.

Schöner schlummern: Hotel ›Vier Jahreszeiten‹ am Neuen Jungfernstieg

Fürstlicher Luxus in Traditionshaus mit Blick auf die Alster. Zauberhaftes Atrium für Sommerabende, Restaurant, Bar.

Marriott, ABC-Straße 52, Tel. 3505-0, Fax 35 05 17 77. Luxushotel mitten in der City am Gänsemarkt. Im Restaurant wird ›Taste of America‹ geboten, die Beauty Farm verwöhnt mit Fitness- und Wellness-Angebot.

Park Hyatt, Bugenhagenstraße 8–10, Tel. 33 32 12 34, Fax 33 32 12 35, Internet: hamburg.park.hyatt.de. Zentral gelegen im Levantehaus mit Passage.

TOP TIPP **Raffles Hotel Vier Jahreszeiten**, Neuer Jungfernstieg 9–14, Tel. 34940, Fax 34 94 26 00, Internet: www.hvj.de. Elegant eingerichtetes Haus mit hanseatischem Gepräge in schöner Lage an der Binnenalster. Spezialitätenrestaurants, Biedermeier-Café und prächtige Bankettsäle.

Renaissance Hamburg, Große Bleichen, Tel. 3 49 18-0, Fax 34 91 89 19. First Class Hotel im Broscheck Haus an der Hanse-Viertel Einkaufspassage. Zimmer mit gehobener Ausstattung.

Hotels der gehobenen Preisklasse

Airport-Hotel, Flughafenstraße 47, Tel. 53 10 20, Fax 53 10 22 22, Internet: www.airporthh.com. First Class Hotel mit Landhauscharme. Ruhige, komfortable Zimmer, Restaurant, Bar und Schwimmbad mit Sauna.

Aussen-Alster Hotel, Schmilinskystraße 11, Tel. 24 15 57, Fax 2 80 32 31, Internet: www.aussen-alster.de. Modernes kleines Haus hinter Gründerzeitfassade mit klarem funktionalen Design und entspannter Atmosphäre. Hauseigene Fahrräder und Segelboot.

TOP TIPP **Garden Hotel**, Magdalenenstraße 60, Tel. 41 40 40, Fax 4 14 04 20, Internet: www.garden-hotels.de. Die Zimmer in allen drei Villen dieses kleinen, schönen Hotels sind fantasievoll eingerichtet. Die Grünanlage wird von einem passionierten Gartenliebhaber gestaltet.

Gastwerk, Daimlerstraße 67, Tel. 89 06 20, Fax 8 90 62 20, Internet: www. hastwerk-hamburg.de. Designhotel im ehemaligen Gaswerk.

Hotel Abtei, Abteistraße 14, Tel. 44 29 05, Fax 44 98 20, Internet: www. abtei-hotel.de. Äußerst stilvolle Stadtvilla nahe der Außenalster. Dem englisch geprägten Ambiente verhelfen Antiquitäten zu besonderer Wirkung. Das Restaurant trägt einen Michelin-Stern.

Hotel Hafen Hamburg, Seewartenstraße 9, Tel. 31 11 30, Fax 31 11 37 55. In einem ehem. Seemannsheim oberhalb der Landungsbrücken eingerichtetes Hotel mit Blick auf den Hafen, mit Restaurant Bierstube und der beliebten Tower Bar.

Hotel Norge, Schäferkampsallee 49, Tel. 44 11 50, Fax 4 11 55 77. Modernes gut ausgestattetes Haus mit norwegischer Gastlichkeit. Das Restaurant Kon-Tiki serviert norwegische Spezialitäten.

Hotel Prem, An der Alster 8–10, Tel. 24 83 40 40, Fax 2 80 38 51. Traditionsreiches Haus an der Alster mit schönem Panorama und Garten.

TOP TIPP **Madison**, Schaarsteinweg 4, Tel. 3 76 66-0, Fax 3 76 66-1 37, Internet: www.madisonhotel.de. Modernes großzügiges Hotel in der Nähe des Michel. Restaurant mit karibischem Flair, mit Health-Club.

Maritim Hotel Reichshof, Kirchenallee 34 – 36, Tel. 24 83 30, Fax 24 83 38 88. Traditionsreiches Haus nahe dem Hauptbahnhof mit schönen Zimmern, Restaurant, Bars und Schwimmbad.

Nippon Hotel, Hofweg 75, Tel. 2 27 11 40, Fax 22 71 14 90. Kleines Privathotel an der Außenalster ganz im japanischen Stil eingerichtet. Japanisches Spezialitätenrestaurant.

Strandhotel Blankenese, Strandweg 13, Tel. 86 13 44, Fax 86 49 36. Am Ufer der Elbe steht das verspielte Jugenstilgebäude mit seinen hübschen, stimmungsvollen Zimmern.

Mittelklassehotels

Dorint Hotel An der Messe Hamburg, Schröderstiftstr. 3, Tel. 4 50 69-0, Fax 4 50 69-10 00, Internet: www.dorint.de/ hamburg-messe. Modernes Stadthotel in unmittelbarer Nähe zur Messe, gegenüber dem Fernsehturm.

Elite, Binderstraße 24, Tel. 45 46 27. Preisgünstige Hotelpension in unmittelbarer Nähe zu Universität und Museum für Völkerkunde.

Frauenhotel Hanseatin, Dragonerstall 11, Tel. 34 13 45, Fax 34 58 25, Internet: www.hotel-hanseatin.de. Das sehr zentral gelegene Hotel in

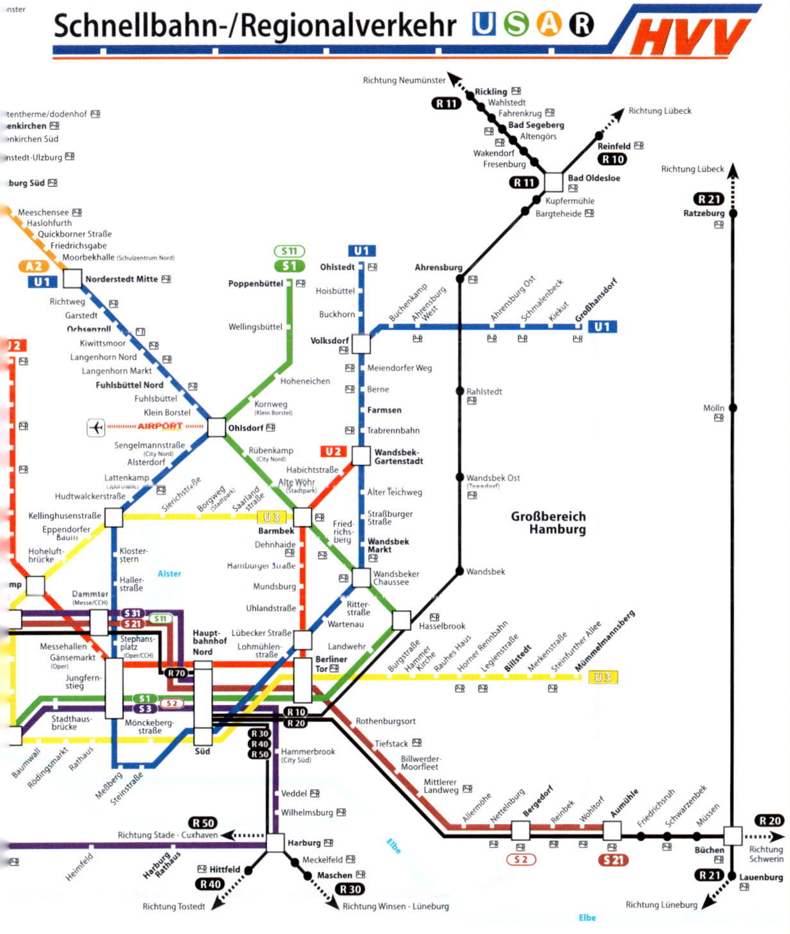

denkmalgeschütztem Haus nimmt ausschließlich weibliche Gäste auf.

Galerie-Hotel Sarah Petersen, Lange Reihe 50, Tel./Fax 24 98 26, Internet: www.galerie-hotel-sarah-petersen.de. Kleines, feines Hotel für Individualisten in der Altstadt. Einrichtung von Biedermeier über Art Deco bis modern.

Hotel Alster-Hof, Esplanade 12, Tel. 35 0070, Fax 35 00 75 14. Angenehmes Haus in der City, zahlreiche Einzelzimmer. Frühstücksbuffet.

Hotel beim Funk, Rothenbaumchausee 138, Tel. 45 03 00-0, Fax 45 03 00-30. Hotel in einer typischen Hamburger Altstadtvilla mit gemütlichen Zimmern.

Hotel Vorbach, Johnsallee 63–67, Tel. 4 41 82-0, Fax 4 41 82-8 88. Das Haus bietet stilvolles Ambiente und Bequemlichkeit inmitten der Harvestehuder Bürgerhäuser unweit der Einkaufspassagen.

Instant Sleep, Max-Brauer-Allee 277, Tel. 43 18 23 10, Fax 43 18 23 11, Internet: www.instantsleep.de. Freundliches Backpacker Hostel für junge Leute mit schmalem Geldbeutel. Zwar ohne Frühstück, aber mit Gemeinschaftsküche.

Pfeifer, Hallerstraße 2, Tel. 44 78 30, Fax 44 65 37

Travel Charme Hotel Bellevue, An der Alster 14, Tel. 2 84 44-0, Fax 28 44 42 22. Komforthotel an der Außenalster, ruhig und besonders kinderfreundlich.

Übernachtungs- und Gasthaus Schanzenstern, Bartelsstr. 12, Tel. 4 39 84 41, Fax 4 39 34 13, Internet: www.schanzen stern.de. Zentral gelegenes, einfaches Hotel im Schanzenviertel. Ausschließlich Nichtraucher-Zimmer.

Jugendherbergen

Auf dem Stintfang, Alfred-Wegener-Weg 5, Tel. 31 34 88, Fax 31 54 07. Oberhalb der Landungsbrücken, toller Blick über den Hafen.

Jugendgästehaus Horner Rennbahn, Rennbahnstr. 100, Tel. 6 51 16 71, Fax 6 55 65 16. Im Grünen, am Rande der Hamburger Galopprennbahn gelegen.

Mitwohnzentralen

Home Company Mitwohnzentrale, Schulterblatt 112, Tel. 1 94 45, Fax 43 13 57 50

Ihre Mitwohnzentrale, Graumannsweg 6, Tel. 2 20 71 78, Fax 2 27 36 31

Privatzimmervermittlung

Bed and breakfast, Müggenkampstr. 35, Tel. 4 91 56 66, Fax 4 91 42 12

Zimmer Frei Hamburg, Steilshooper Str. 186, Tel. 27 87 77 77, Fax 27 87 77 79

Verkehrsmittel

Fahrradverleih

Fahrrad-Richter, Barmbeker Straße 16, Tel. 2 70 38 36

O'Niel Bikes, Beethovenstr. 37, Tel. 22 12 16, Fax 22 14 78, Mo–Fr 10–18.30, Sa 10–13.30 Uhr

Mietwagen

Die **ADAC Autovermietung** GmbH bietet Mitgliedern Mietwagen zu günstigen Konditionen an. Buchungen in ADAC-Geschäftsstellen oder unter Tel. 018 05/ 31 81 81 (0,12 €/Min.).

Die großen Autovermieter bieten vor Ort Reservierung zum Ortstarif:

AVIS, Tel. 01 80 - 5 55 77
Europcar, Tel. 5 29 86 70
Hertz, Tel. 01 80 - 5 33 35 35
Sixt, Tel. 01 80-5 25 25 25

Leihwagen mit Chauffeur vermietet u. a. **Autovermietung Richter**, Bandwirkerstraße 20, Tel. 66 66 70

Öffentliche Verkehrsmittel

Der **Hamburger Verkehrsverbund** (HVV, Tel. 1 94 49) umschließt Busse, U-, S- und AKN-Bahnen sowie die Hafenfähren der HAPAG. Meist lohnt sich schon ab zwei Fahrten der Kauf einer *Tageskarte* oder auch einer *Familien-* bzw. *Gruppenkarte*.

Schiff

Der **Elbe-City-Jet-Katamaran**, Tel. 0 41 42/8 11 70, verbindet April–Okt. mehrmals am Tag Hamburg mit Stade, Abfahrt ab Landungsbrücken, Brücke 4.

Mit dem **Großkatamaran der Förde-reederei** , Tel. 04 61/86 46 02, geht es von Hamburg nach Helgoland.

Taxi

Taxi, Tel. 21 12 11, 44 10 11, 22 11 22, 68 68 68 oder 66 66 66

Behinderten-Taxi, Tel. 4 10 54 58

Nichtraucher-Taxi, Tel. 89 36 09

Register

Bildnachweis

Außer den nachstehend aufgeführten Quellen stammen alle fotografischen Aufnahmen von Ingeborg Knigge, Saarbrücken
FAN, Lüneburg: 6, 9 (unten), 19, 22, 24, 28, 71, 113, 114, 115 – *Flughafen Hamburg:* 101 – *Urs Kluyver, Hamburg:* 26/27, 39, 48/49, 56, 57 (oben), 76, 109, 136 – *Ulrike Krause/Enno Wiese, Berlin:* 10 (unten), 36 (oben), 54 (unten), 55, 73 (unten), 123 – *Museum der Arbeit, Hamburg:* 95 – *Disney:* 73 – *Harald Walden, Düsseldorf:* 12 (Mitte), 89, 110/111 – *White Star, Hamburg:* 7, 16/17, 29, 40, 46, 54 (unten), 69, 74, 75, 85, 86 (unten), 92 (unten), 98/99, 116 (4)

In der ADAC-Reiseführer-Reihe sind erschienen:

Ägypten
Algarve
Amsterdam
Andalusien
Australien
Bali und Lombok
Barcelona
Berlin
Bodensee
Brandenburg
Brasilien
Bretagne
Budapest
Burgund
Costa Brava und Costa Daurada
Côte d'Azur
Dalmatien
Dänemark
Deutschland, City Guide
Dominikanische Republik
Dresden
Elsass
Emilia Romagna
Florenz
Florida
Französische Atlantikküste
Fuerteventura
Gardasee
Golf von Neapel
Gran Canaria
Hamburg
Hongkong und Macau
Ibiza und Formentera
Irland
Israel
Istrien und Kvarner Golf
Italienische Adria
Italienische Riviera
Jamaika
Kalifornien
Kanada – Der Osten
Kanada – Der Westen
Karibik
Kenia
Kreta
Kuba
Kykladen
Lanzarote
London
Madeira
Mallorca
Malta
Marokko
Mauritius und Rodrigues
Mecklenburg-Vorpommern
Mexiko
München
Neuengland
Neuseeland
New York
Niederlande
Norwegen
Oberbayern
Österreich
Paris
Peloponnes
Piemont, Lombardei, Valle d'Aosta
Portugal
Prag
Provence
Rhodos
Rom
Rügen, Hiddensee, Stralsund
Salzburg
Sardinien
Schleswig-Holstein
Schottland
Schwarzwald
Schweden
Schweiz
Sizilien
Spanien
St. Petersburg
Südafrika
Südengland
Südtirol
Teneriffa
Tessin
Thailand
Toskana
Tunesien
Türkei-Südküste
Türkei-Westküste
Umbrien
Ungarn
USA-Südstaaten
USA-Südwest
Venedig
Venetien und Friaul
Wien
Zypern

Weitere Titel in Vorbereitung

Impressum

Umschlag-Vorderseite: Hamburger Stadtpanorama mit Rathaus
Foto: Huber, Garmisch-Partenkirchen

Titelseite: Kapitän im Hamburger Hafen
Foto: White Star, Hamburg

Abbildungen: siehe Bildnachweis S. 141

Lektorat und Bildredaktion: Carin Pawlak
Aktualisierung: Elisabeth Schnurrer
Gestaltung und Layout: Norbert Dinkel, München
Karten: Mohrbach Kreative Kartographie, München
Reproduktion: G.P.S. Digital, München
Satz: Filmsatz Schröter GmbH, München
Druck, Bindung: Passavia Druckservice, Passau

Printed in Germany

ISBN 3-87003-664-8

Gedruckt auf chlorfrei gebleichtem Papier

6., neu bearbeitete Auflage 2003

Redaktion ADAC-Reiseführer:
ADAC Verlag GmbH, 81365 München,
E-Mail: verlag@adac.de

ADAC
reisemagazin
Reisen mit Lust und Laune.
ADAC reisemagazin
BODENSEE SPECIAL
MARTIN WALSER: Mein Bodensee
500 ADRESSEN: Kultur Kasinos Klasse Küche
ADAC reisemagazin
GARDASEE SPECIAL
Dolomiten Trentino Gardasee
Surfen, Klettern und Mountain-Biking
VERONA, VINO UND VERDI
ADAC reisemagazin
ITALIEN DIE RIVIERA
RIVIERA, LIGURIEN, PIEMONT
Italiens schönste Winkel
Die Reisemagazine vom ADAC gibt es für Städte, Länder und Regionen.
Alle zwei Monate neu.
ADAC reisemagazin
KUBA
Im Rhythmus der Karibik
ADAC reisemagazin
MALLORCA
Mallorca zum Träumen
ADAC reisemagazin
MEXIKO
Machos, Mythen und Magie
ADAC reisemagazin
SCHWEIZ
Gipfel-Treffen für Genießer
ADAC reisemagazin
TOSKANA
Bezaubernde Toskana
Grüne Hügel, weiße Villen, roter Wein

1 Tag in Hamburg

Obwohl eine Metropole, ist Hamburg gut zu Fuß zu erkunden. Bei einem Rundgang durch die City lernt man in der **Mönckebergstraße**, auf dem **Rathausmarkt** und dem **Jungfernstieg** die interessantesten Ecken in der Innenstadt kennen. Zahlreiche Gelegenheiten zum **Shopping** sind zudem inbegriffen, und – bei Regen weicht man einfach in die **Passagen** aus. Den Nachmittag sollte man dem Hafen widmen: Einen Besuch lohnen **Deichstraße** und **Speicherstadt** mit ihrem Anno-dazumal-Flair sowie die **Landungsbrücken** mit den Museumsschiffen. Bei schönem Wetter ist eine **Hafenrundfahrt** angesagt. Unweit der Hafenkante steht Hamburgs Wahrzeichen, der **Michel**. Ein Bummel über die **Reeperbahn** am Abend ist das letzte Muss für den ersten Hamburg-Besuch.

1 Wochenende in Hamburg

Am **Freitag** Shopping, Alsterrundfahrt und der Besuch eines Musicals, am **Samstag** Kunst und Kultur, am **Sonntag** Fischmarkt und Natur – so könnte man einen Wochenendbesuch in Hamburg gestalten.

Freitag: Start des Hamburg-Wochenendes ist ein **City-Bummel** durch die Mönckebergstraße und über den Jungfernstieg, dazu Shopping in den Boutiquen der Passagen, im Neuen Wall und Große Bleichen und eine Milchkaffee-Pause im **Alsterpavillon**. Ganz in der Nähe ist der Anleger für die Alsterfähren, mit denen man über Binnen- und Außenalster schippern kann, vorbei an den **weißen Villen** der Hamburger Prominenz. Ein Abendessen im Fisch-Restaurant ›Rive‹ direkt am Anleger der England-Fähre mit anschließendem Musical-Besuch sorgen für einen gelungenen Abschluss des ersten Hamburg-Tages.

Samstag: Den Vormittag kann man der Kunst widmen: sei es die **Hamburger Kunsthalle**, eine der bedeutendsten Gemäldesammlungen Deutschlands, oder der Neubau **Galerie der Gegenwart** mit den modernen Exponaten. Ebenfalls sehenswert sind das **Museum für Kunst und Gewerbe** mit der wunderschönen Jugendstilsammlung oder das **Museum für Hamburgische Geschichte** mit seinen zahlreichen Exponaten aus der Hafenvergangenheit der Hansestadt.

Nachmittags lohnt eine Erkundung des **Hafens** – Deichstraße, Speicherstadt, Landungsbrücken mit der ›Rickmer Rickmers‹ und der ›Cap San Diego‹ sowie eine Hafenrundfahrt. Ebenfalls sehenswert: die **St. Michaelis-Kirche** mit den nahe gelegenen **Krameramtsstuben**. Wer in Sachen Kunst & Kultur noch aufnahmefähig ist, ist im **Deutschen Schauspielhaus** oder im **Thalia Theater** am Abend bestens aufgehoben. Die Alternative heißt natürlich **Reeperbahn** und **St. Pauli** bei Nacht.

Sonntag: Entweder man feiert durch oder steht sehr früh auf, um sich am Sonntag den **Fischmarkt** anzuschauen. Hier gibt es Fisch satt, Trödel, Pflanzen, frisches Obst und jede Menge originelle Typen. Wem nach frischer Luft und Spaziergang ist, der sollte entlang des Elbuferweges zum **Jenischpark** spazieren (inklusive Besuch des Jenisch-Hauses mit dem Museum für großbürgerliches Wohnen) oder mit dem Bus in Richtung **Blankenese** fahren. Direkt am Elbufer laden dort gastliche Restaurants zu einer Mittags- oder Kaffeepause ein. Alternativ-Programm bei Regen: Ein Besuch des **Ernst-Barlach-Museums** am Nordrand des Jenischparks.